愛與奉獻
服務領導故事集

張德銳　高敏麗　主編

張德銳　高敏麗　蔡富美
王淑珍　何嘉惠　張家儁　著

五南圖書出版公司 印行

推薦序

　　本局為提升教師素質與促進教師專業成長，自民國88年即規劃設置教學輔導教師制度，90學年度擇定臺北市立師範學院（現為臺北市立大學）附設實驗小學進行試辦工作，業經多年努力，在103學年度自願申請並獲得本局通過辦理的中小學校數已達146所之多。教學輔導教師展現服務奉獻、薪火相傳的精神，引領著夥伴教師一同邁向專業成長，同儕間的互動與輔導關係更顯彌足珍貴。

　　教師的素質良窳關乎學校教育的成敗，對於學校教育革新亦至為關鍵。教學輔導教師在教學輔導的互動歷程中，扮演了引導、激勵、溝通、協助等多重角色，與夥伴教師教學相長，共同為提升學生學習成效而努力，可謂是教學專業發展之利基。

　　本故事集從辦理教學輔導教師制度的學校中遴選出13位優秀教師，分享其在教學輔導中無私奉獻的服務領導行為，不僅表彰了這13位教師樂於分享、熱忱服務、追求共好的精神，同時也樹立足供其他教師同儕仿效之楷模，使學校、教師與學生均能受惠。

本專輯的完成要感謝張德銳教授所帶領的研究團隊，不辭辛勞地進行訪談、整理與付梓，提供國內有志推動教學輔導教師制度與教師服務領導者之參考，並期能對學校教育革新有所啟迪，特為之序。

臺北市政府教育局局長

湯志民　謹識

中華民國104年7月30日

主編序

　　「人生以服務為目的。」一個人存在目的，就在於服務人群、協助建立一個更美好的社會。同樣的，我們相信在學校裡每一位成員都可以承擔領導者的角色，而作為一位既有效能又有道德的領導者，宜秉持「愛與奉獻」的理念，以服侍他人，協助他人成長與完成工作，作為領導的最高準則。

　　本人自協助臺北市政府教育局以及教育部推動教學輔導教師制度以來，除鼓勵教學輔導教師與夥伴教師進行一對一的個別輔導以及多對多的團體輔導外，亦倡導教學輔導教師承擔學年主任、學習領域召集人、專業學習社群領頭羊等角色，甚至走出學校，發揮更大的教師領導影響力。而教師領導要能真正成功、歷久而彌新，實有賴教學輔導教師「歡喜做甘願受」的服務心態。因此，自102年8月便開始組成一個研究團隊，編著本故事集。其目的除保存教學輔導教師制度的智慧結晶之外，並作為有心推動服務領導者之參考。

　　本書實際訪問與整理工作是由高敏麗老師、蔡富美老師、王淑珍老師、何嘉惠老師、張家蒨小姐等共同協力完成，內容係敦請各辦理教學輔導教師制度的學校推薦具有服務事跡與成效的教學輔導教師接受訪問後，撰稿彙集成冊。

　　本書之所以能夠順利出版，除了感謝臺北市政府教育局以及教育部師資培育與藝術教育司對教學輔導教師制度的支持與推動之外，亦感謝國內熱心教師發展的教授和實務工作人員能同心協力推動此一立意甚佳的制度。此外，感謝高敏

麗老師盡心盡力的主持編務工作以及團隊研究人員和受訪教師，以無盡的愛、樂於奉獻的態度，共同完成此一有意義的工作。最後，對於教育界中能「活出愛」的每一位同工，深表無限的感恩和感佩。

天主教輔仁大學師資培育中心教授

張德銳 謹識

中華民國104年7月18日

目　次

導讀

服務領導在教學輔導
教師制度中的實踐

【撰稿：張德銳】

壹、前言

在當代新興領導議題中，「服務領導」（servant leadership）所倡導「愛與奉獻」的核心理念，是領導理論中極少數能同時達成有道德與有效能這二個規準的理論，值得在日趨功利的現代社會中加以倡導。故樞機主教單國璽（2009-12）在《活出愛》一書中便指出：

> 因為愛，這些神職人員藉由醫療與服務無私地將自己奉獻給臺灣，病人的痛苦少一分，他們的快樂就多一分；他們不爭名、只傳愛，他們相信：只要有愛，人間即是天堂。

　　惟愛與奉獻的普世價值，不僅展現在基督宗教上，在其他宗教上亦有相同的價值信念。例如：在2014年8月23日本文作者有幸受邀，前往慈濟板橋院區觀賞「遵佛遺教」之歌仔戲，劇中佛教創立者釋迦牟尼，親為眼盲的徒弟——阿那律尊者縫補僧衣之一幕，亦是相當令人感動，其和耶穌基督為門徒洗腳之事跡，實有異曲同工之妙。另外，回教經典中亦有「能瞭解別人的苦難，伸出協助之手，幫助減緩其苦難，便是回教徒」之教義（Keith, 2008: 2）。

　　Robbins和Judge指出，當代有效的領導者同時也是活躍的師傅（mentor），他能專心傾聽，理解徒弟（mentee）的問題，並且協助解決徒弟的問題（引自黃家齊譯，2011）。換言之，成功的師傅，是一位敬天愛人的服務領導者，能以真誠服務的行為，服務徒弟，並且在服務的過程中不斷學習與成長並為組織解決問題，達成成就別人就是成就自己的理想。

　　本文作者在接觸服務領導理論後，深受服務領導的精神所感動。服務領導強調以愛為核心，以信任為基礎，服務為先，領導為後，秉持犧牲奉獻的宗教情懷，與被服務者建立信任關係，激發被服務者的潛能，協助被服務者滿足需求與達成組織目標。這種新興領導的概念，與目前我國教育界剛起步推動的師徒制——教學輔導教師（mentor teacher，簡稱教學導師）無私地服務夥伴教師，將實務智慧薪火相傳給夥伴教師的精神十分吻合，值得在學術研究以及實務應用之中加以引介和推廣。

　　有了上述想法，本文作者乃一方面申請科技部的專題

研究計畫，有系統的研究服務領導在教學輔導教師制度的議題，另一方面則爲了表彰臺北市中小學教學輔導教師在服務領導上的特質與表現，乃發文請102學年度辦理教學輔導教師制度之學校，推薦符合以下三個條件者作爲本故事輯的受訪談者：(1)現在或曾經擔任教學輔導教師二年以上；(2)具有優良的教學表現，可爲其他教師觀摩學習；以及(3)在教學輔導教師方案，能以服務領導的精神積極參與，具良好服務成效者。

為了出版本故事輯，本文作者組織一個訪談撰稿小組，經過訪談撰稿小組年餘的努力付出，乃有本故事輯的誕生。惟在簡要說明所訪談的13位中小學教學輔導教師之服務領導表現之前，擬先簡要說明服務領導的起源與發展、意義與相關概念、實質內涵、實施成效等基本概念，俾讀者在閱讀其後各個故事時有一個先備的知識基礎。

貳、服務領導的概念說明

服務本來就是人類天性以及人生的目的。國父孫中山先生便曾說：「人生以服務爲目的」，只是國人在生活忙碌，汲汲營營於功名利祿之時，常常忘卻服務眾生之本心。因此，服務領導可以協助我們找回人生的初衷以及領導的本質和理想──服務芸芸眾生。

一、服務領導的源起和發展

服務領導最早可溯源於基督宗教的創立者──耶穌基督

（Jesus Christ），在若望福音13章中記錄著耶穌以為門徒洗腳這個相當卑下的行為，示範並具體實踐了什麼是「服務領導」；另外在馬爾谷福音第10章中記載耶穌在赴難前把門徒召集起來，對他們說：「你們當中誰想成為最偉大的領導人，必須先做你們的僕人」（林思伶，2004：43）。

惟當代服務領導的概念係由Robert K. Greenleaf（1904-1990）在1970年代所提出的。Greenleaf在擔任AT&T執行長期間將服務領導加以概念化，並導入在組織環境中，企圖讓現代領導者回歸領導的本質和目的，進而鼓勵人們的思想和行動，建立一個更美好的社會（林思伶，2004）。

服務領導不但彰顯了領導的崇高道德性，更是組織發展的一劑清涼劑、解毒丸，有助於排除組織腐化、員工受物化的現象。因此，某些現代大型企業機構紛紛採用服務領導的理念，例如：美國TDIndustries公司結合服務領導，形塑公司文化，讓每位成員視自己為一位有價值的服務領導者：美國Southwest Airline亦於1980年代採用服務領導的作法，視每一員工為有個體價值的服務者、領導者，因之降低了成本，增加了生產力，並提高了顧客忠誠度（吳清山，2008）。

服務領導在國內教育界的採用上，現多用於學生的服務學習活動或學術的服務領導活動上。例如：輔仁大學教育領導與發展研究所林思伶教授以服務領導作為該所的創所理念與核心價值（林思伶、華春鐿，2006）。另輔仁大學服務學習中心主任嚴任吉（2009）強調服務學習與領導的關係：透過服務學習的四步驟：準備、服務、反思、慶賀，在

別人需要上，看到自己的責任與成就。

二、服務領導的意義和相關概念

服務領導在中文上有各種不同的翻譯，有的學者譯為「僕性領導」（周守民，1999），有的譯為「僕人式領導」（蔡進雄，2003），但本文作者認為還是以「服務領導」之意譯，較能彰顯「人生以服務為目的」之普世價值。

Greenleaf（1977）指出服務領導者出自想要服務他人的自然情感，把他人的需求和利益放在自己之上，以服務至上的理念，指引個人的領導作為，對被領導者產生影響力。

林思伶（2003）認為服務領導是有意識的選擇為他人服務，強調先服務而非先領導。換言之，領導的本質在服務：服務領導者以因為我是領導人，所以我服務；而不是因為我是領導人，所以我來領導。

蔡進雄（2003）定義僕人式領導係指領導者照顧、瞭解、關懷、服務部屬，並且協助部屬成長、成功，以達成組織目標的一種人性化領導風格。

吳清山、林天祐（2004）定義僕人領導為：領導者不高高在上，需要他人服侍，而是具備僕人風格與心理特質，能激勵、扶持、服事、授權他人，表現出為他人服務的行為風格與態度。

本文作者總結上述定義，將服務領導定義為「領導者以服務第一的理念，具謙卑和奉獻的精神，瞭解、關懷、服務成員，並且協助成員成長、成功，進而達成組織目標和培植更多領導者的一種人性化領導歷程。」

本文作者認為服務領導和魅力領導、轉型領導有關，但更強調領導的道德基礎。換言之，服務領導者應以德服人，具有吸引追隨者的魅力，而且能夠以個別關懷和組織願景，鼓舞激勵成員，使組織轉型成功。另外，在培植被領導者的歷程中，Keith（2008）亦指出服務領導也能使追隨者轉型成為領導者；而領導者則轉型成為高德性的道德代理人（moral agents）。

　　此外，服務領導的概念和彰權益能（empowerment）、分布領導（distributed leadership）、參與式領導（participative leadership）等概念亦息息相關。蔡進雄（2005）認為彰權益能與服務領導中所強調的發展成員能力、授權成員權力的理念相符。Barth（2001）主張學校領導宜將領導重心由單一校長分布到學校中為數眾多的教師身上，而此種概念與服務領導中培植追隨者成為領導者的要義是一致的。Somech（2005）強調團體中參與決策的歷程可增進決策品質、以及增進教師工作動機與滿足感，而服務領導的特徵之一便是集體領導的形式，透過成員間的彼此服侍、參與決策，產生社群的強烈認同感。

三、服務領導的實質內涵

　　服務領導的實質內涵可以從領導者的特質、領導角色、領導行為等角度來分析如下：

㈠ 服務領導者的特質

服務領導的二大基礎為愛與信任。什麼是愛？愛是推

己及人，找尋出別人的需求，也願意為滿足別人的需求而努力，這便是服務領導的真義（Hunter, 2004/2010）。Hunter（1998/2001）便指出服務領導是建立在滿足被領導者的需求上，先做到由愛為出發點的犧牲奉獻，才能獲得被領導者的信任，進而成為一位成功的領導者。

格林多前書（13:4-7）指明愛是諸德的靈魂：「愛是含忍的，愛是慈祥的，愛不嫉妒，不誇張，不自大，不作無禮的事，不求己益，不動怒，不圖謀惡事，不以不義為樂，卻與真理同樂：凡事包容，凡事相信，凡事盼望，凡事忍耐。」根據此一愛的定義，Hunter（2004/2010）指出以愛為核心的服務領導者具有八個特質，亦即忍耐、恩慈、謙卑、尊重、無私、寬恕、誠實、守信。

(二) 服務領導的角色

S. R. Covey在其論文中指出，服務領導者在組織中應扮演四種角色，亦即：(1)典範／楷模；(2)先導；(3)調正；(4)彰權益能〔引自林思伶，2004〕。在典範／楷模角色方面，學校領導人必須於生活中身體力行，且具備正直誠信、謙遜、真誠和服務奉獻的精神，才足以為校園楷模，使得校內的教職員生產生發自內心的信服和追隨；在先導角色方面，要帶領學校成員或利害關係人，共同為學校的未來訂出具深層價值的圖像和願景；在調正角色方面，係指學校領導人在確定價值、使命、願景後，還需確保組織中的所有結構與系統能回應這些價值和願景；最後，在彰權益能角色方面，領導人要能賦予成員專業自主權之同時，激勵、增強成

員的工作能力（林梅琴，2008）。

(三) 服務領導的行為特徵

服務領導的行為特徵之論述，相當繁多，但是還是以 Spears（2002）在綜合歸納服務領導理念及相關文獻後，所提出的十個特徵最為常見，也最為國內外學者（如林思伶，2004；Laub, 1999）所引用。這十個特徵可以歸納在「關懷」與「倡導」兩個面向之下，以收以簡馭繁之效。

在關懷面向（或關心成員面向）下，服務領導有下列五個行為：(1)覺察：經由自我覺察，幫助領導人自我檢視、反思、檢討改進。(2)傾聽：透過傾聽，瞭解被領導者的需求、內在思維和意志。(3)同理：站在被領導者的立場，以同理心感同身受。(4)治癒：領導者不但有自癒的力量，也能治癒被領導者在情緒上與心靈的傷痛。(5)說服：領導者擅於動之以情、說之以理，發揮專業的影響力（張德銳，2013；Spears, 2002）。

在倡導面向（或關心工作面向），服務領導亦有如下五個行為：(1)服侍：服務同事、客戶、社區及整體環境，做好管家的責任。(2)對人的成長的承諾：致力於提升組織成員個人、專業和靈性上的成長。(3)概念化：能從長期眼光和寬廣視野，瞭解問題，並做系統性的思考，掌握問題的全盤狀況。(4)遠見：能結合過去的知識或經驗，及對當下情境或事件的瞭解，預見事件或情境的發展，及時做出合理的決策。(5)建立社群：能經由成員彼此相互尊重，共享價值，建構出具學習型組織的合作團隊（張德銳，2013；

Spears, 2002）。

四、服務領導的成效和限制

　　國內教育界有關服務領導成效的研究，支持服務領導對部屬的公民行爲、工作表現、工作滿意、專業承諾等皆有所增益。例如：簡世川（2009）認爲國小校長服務領導對教師組織公民行爲具有預測力。林梅君（2010）指出，校長服務領導行爲與教務主任服務領導行爲具顯著正相關；校長以及教務主任的服務領導行爲亦和教師專業成長具顯著正相關。楊世民（2009）和黃金印（2011）的研究皆發現校長服務領導與教師工作滿意具有積極的正相關。林春如（2008）則主張校長愈重視服務領導，則教師組織承諾愈佳。

　　另外，國內的研究亦多支持服務領導在組織氣氛與組織績效上的助益。陳美君（2007）的研究發現國民中小學校長服務領導行爲對學校組織氣氛各層面均具有預測力。廖世輝（2009）認爲國小教師對校長服務領導的知覺愈強，在學校組織文化的知覺感受也愈高。陳宇虹（2007）的研究支持國小校長服務領導行爲是促進組織學習與改變的關鍵因素。

　　雖然服務領導的價值性相當受肯定，但服務領導的實施往往受限於學校組織的科層體制及其文化。服務領導作爲一種以服務爲本、強調感動人、號召人的領導方式，它比較適合的組織結構是一種「有機式」（organic）的結構，而不是一種「機械式」（mechanic）的結構。也就是說，在強

調「層層節制、科層體制」（hierarchical, bureaucratic）的組織，傾向於採行「威權的領導」，卻不利於服務領導的氛圍；在瀰漫「同儕和諧、人文主義」（collegial, human-istic）氣息的組織環境，則比較有利於服務領導中信任感的形塑。

另外，服務領導的接受度可能會和被領導者的成熟度有關。亦即，做為一種強調關懷為先，倡導其後的領導風格，依「情境領導理論」（situational leadership theory），高關係的領導方式可能較適合當成員工作意願高但能力低時（中下成熟度）或者工作意願低但能力高時（中上成熟度）；另外，當成員能力或意願皆高時（高成熟度），服務領導者亦可採行授權式（delegating）領導，以培植後繼領導者（謝文全，2003）。惟當成員既無工作能力也無成長意願時，服務領導的成效恐事倍功半，較難以撼動這些組織中約占10%成員（Hunter, 2004/2010）。

參、服務領導在教學輔導教師制度的實踐實例

臺北市中小學教學輔導教師制度，不只賦予教學輔導教師個別地協助、支持初任教師、新進教師、教學困難教師，近幾年亦倡導經由同儕輔導的團體歷程，帶領或召集同學年、同學科領域教師，或者跨學年、學科領域的教師，依據教師的需求，成立各式各樣的專業學習社群。此外，除了在學校的服務層面之外，亦鼓勵教學輔導教師走出學校，秉持人生以服務為目的之情懷，在校外的專業社群，發揮更大的

影響力。爲了保存並彰顯教學輔導教師制度的智慧結晶，並作爲有心推動教師服務領導者之參考，本文作者自民國102年8月開始便組成一個研究團隊，訪談各校所推薦的13位教學輔導教師，並編著本專輯。專輯中這13個服務領導的實踐實例，係本故事集的主體，茲就這13個故事，簡要介紹如後。

1.劍潭國小林恬瑩老師

負責草創及執行劍潭國小教師專業發展相關計畫的前教務主任——林恬瑩老師，爲了當一位稱職的領頭羊，於98學年度參與教學導師培訓，而擔任教學導師至今。雖然因生涯規劃而轉換跑道擔任級任老師，但陪伴教師邁向專業成長路的熱誠未曾稍減過。她是劍潭步步邁向整體優質發展的重要戰將，也是劍潭的活字典，更是大家心服口服且願意跟隨的「定心丸」。

擔任教學導師三年以來，服務過五位夥伴老師，協助的歷程都是充滿歡喜與成就感。在恬瑩老師的心目中，一個能夠服務夥伴教師的教學導師，要有管家婆的熱誠、助人的專業以及全年無休如7-11的貼心服務，才能給夥伴最有力的靠山。另外，只要是對學生及夥伴老師有幫助的事，她就覺得那是她應該要做的，而且一定會盡心盡力做到好。

又號「小辣椒」的恬瑩老師喜歡帶頭做，在要求別人之前先要求自己，讓人心甘情願地追隨跟從。例如：繳交教學檔案，恬瑩總是先完成自己的教學檔案，提供給夥伴教師參考，再鼓勵對方一步步的完成。每次邀請夥伴入班觀課時，

雖然教學經驗已經非常豐富，恬瑩還是戰戰兢兢的做教學示範的準備。在耳濡目染之下，跟隨她的夥伴老師面對自己的教學觀察與回饋，也不敢掉以輕心。她的認真負責態度，是大家跟隨學習的好榜樣。

2.新湖國小翁姿婷老師

翁姿婷老師是新湖國小同仁口中的「SOP女王」，因為邏輯思考能力強，對於每一個教學活動都有很清楚的流程。她是行政團隊感激的「好幫手」，因為新的行事曆、新的校務行政系統，她都會試著操作、主動「勘誤」、協助修正。她是學年老師推崇的「火車頭」，因為她總是能化被動為主動，帶領學年老師向前衝。她是社群老師信服的「領頭羊」，因為她的用心規劃及投入帶領，將每一位老師的教學智慧寶藏挖掘出來而發光發亮。

她更是夥伴老師心中的「小太陽」，因為她不藏私的教導及奉獻，就像陽光一樣指引著夥伴教師。她以大鈕扣帶著小鈕扣環環相扣，攜手耕福田的情懷，開啟陪伴夥伴教師的成長路。從98學年度至今，姿婷老師已帶過五位夥伴教師。有初任教師，也有從別的學校轉過來的新進教師。除了個別的陪伴與支持外，姿婷老師也帶他們參與學校的專業學習社群，如焦點諮商工作坊及語文領域社群。

在帶領夥伴成長的歷程中，當學校有任務及工作交代下來時，如推動兒童深耕閱讀、參與行動研究比賽、辦理教學觀摩等。姿婷老師除了以身作則參與及分享自己的經驗外，也會以正向的話語鼓勵夥伴，並且給予必要的協助和引領，

一步步帶領夥伴完成任務並建立成功經驗，然後在別人成功
的經驗上，發現自己存在的價值。

3.實踐國小林盈秀老師

盈秀老師自1980年從臺北市立女子師範專科學校畢
業後，就來到實踐國小服務。教育生涯已經邁入第35個年
頭，但好學肯做的個性一直是年輕老師的榜樣。10年來，
盈秀老師陪伴過多到自己數不清的夥伴老師及實習老師，在
夥伴老師的心目中，盈秀老師是一位樂觀而正向的人，關
心、包容、開放且尊重的態度，讓跟在身旁的年輕老師們沒
有代溝隔閡的問題，多的是如沐春風的幸福感。

「助人為快樂之本」是盈秀老師一路走來，始終如一
的服務信念。因為她堅信「分享的快樂勝過獨自擁有」，所
以她喜歡跟同事分享所學。跟夥伴老師互動的時候，班級經
營和親師溝通的經驗，都是分享的題材，也是教學相長的歷
程。當然，面對教育現場的諸多挑戰，年輕的夥伴老師難免
會有事情做不好的焦慮。面對夥伴老師的擔憂及挫折，盈秀
老師會先安定夥伴老師的心，然後再做必要的分享及提醒，
並且陪同夥伴一起面對事情、解決問題、從問題中獲得寶貴
的實務經驗。經過無數次良好的帶領，沈穩的腳步，終能獲
致一次次完美的結局，讓夥伴老師有信心邁開腳步在教學路
上勇往前行。

另外，盈秀老師不管是在哪一個角色，都會以身作
則，因為她覺得身教是最好的引領。例如：在她擔任學校教
師會長時，臺北市教師會辦理歌唱比賽，她雖然不是唱歌高

手，但思及自己是學校的教師會長，就應該以身作則配合參加市教師會的活動。另外在學習共同體的推動上，盈秀老師透過說服慢慢引導同事參與，且對於老師所害怕的公開觀課，她也會選擇以身作則先上陣，來降低大家的焦慮。她的以身作則業已成為實踐人的榜樣與標竿，也因為她以身作則的服務，為自己也為夥伴和學校獲得無數的榮譽和獎項。

4.東湖國小徐孟志老師

孟志老師是一個尊重傳統，重視校園倫理的老師。看到前輩老師迎面而來，他會緩步等候，很自然的敬禮問候：「老師好！」對年輕的老師而言，這是難得的身教。他總是勉勵實習老師和新進老師，對前輩老師，要心存敬意。孟志老師同時也是一位才德兼備，熱心奉獻，卻行事低調，不求聞達；光芒內斂，只求內在充實的好老師。

孟志老師的謙恭有禮、以及專業、敬業與捨我其誰的奉獻精神，深獲翁繩玉校長與教務何志宏主任讚佩。繩玉校長以「好老師的推手」肯定孟志老師在東湖國小的影響力，志宏主任則推崇孟志老師是有情有義，用生命感動生命的服務典範。

在教學輔導的歷程中，孟志老師總是鼓勵夥伴老師放手去做，而他在細膩觀察中，深思如何在關鍵處切入提點，讓夥伴老師們無憂無懼，保有真心愛孩子的熱誠，卻又能夠勇敢探索。在夥伴教師有不懂、迷惑時，孟志老師不厭其煩地陪伴、引導思考，鼓勵夥伴教師在深思與摸索、嘗試操作中，發現更多教與學的可能。由於此種引導式的輔導風格，

受訪的夥伴老師，不約而同地提出，在跟隨孟志老師學習的歷程中，影響最深的是態度的養成，敏銳的教學覺察力，以及遇到困境時省思、探索的問題解決能力。

5.國語實小王秋香老師

　　國語實小從2002年起擔任辦理「教學輔導教師方案」的總召學校，除了統籌規劃教學輔導教師方案的成果發表等各項行政事務外，亦嚴謹地選薦培訓多位優質的教學輔導教師，從事校本的教學輔導工作，而績效卓著的一個例子便是王秋香老師。秋香老師個性正向開朗，在課程教學、學生輔導、親師溝通等各方面皆備受肯定，多年來如溫暖的冬陽，在學校裡默默服務，無私的薪火相傳。

　　秋香老師從事教職23年，其間長達20年的時間是擔任導師職務，有許多好老師的特質 —— 正向、自信、謙卑、樂於學習、樂於分享，這些特質加上專業素養，圓熟而獨特的教學實務智慧。凡事盡力不設限的她，非常喜歡國語實小這個臥虎藏龍，又具有挑戰性的教學環境，因為具有挑戰性，讓自己潛能有充分發展和滋長的空間，進而運用這些正向能量，薪火傳承給實習教師和新進教師，而造就了無數的教育新血輪，堪稱服務領導的佼佼者。

　　印象最深刻的是一位實習老師，從原本總令人提心吊膽的表現，不知會做出什麼事情的大朋友，在半年內脫胎換骨，蛻變為可以獨當一面的老師。在實習的最後一天在教室穿堂對秋香老師九十度鞠躬致謝，讓秋香老師很感動，那種感覺讓她覺得辛苦的付出是非常值得的。目前在南臺灣從事

教職的他，仍會不定期跟秋香老師聯絡、請益，持續師徒的情誼。

6.雙園國小陳泳惠老師

泳惠老師是雙園國小新生代的主力之一，2000年開始教學迄今，在雙園國小累積10多年的教學資歷，曾任級任導師、各處室的組長、科任教師，2013年還兼任教師會會長。她期許自己「做什麼像什麼」，因此不論面對任何職務或工作，她總秉持盡心盡力、出類拔萃的心態，來達成使命。

除了校內的專業投入外，泳惠老師還參與許多校外的專業團體，包括深耕多年的社會領域輔導團、教科書編輯小組、2013年初加入的人權輔導團、教師專業發展評鑑初階與進階研習講師等。面對多樣化的角色與職務，泳惠老師在教育專業領域的高度積極性以及服務的深度和廣度，實令人敬佩，時間管理的效率也令人折服。

至今已取得教學導師證照三年的泳惠老師，三年不間斷，每年都帶領一位夥伴老師。三位夥伴老師雖在學校所擔任的職務不同，異質性也頗大，但總能在泳惠老師的貼心服務下，以善引善，並激發出更多的教學能量。在泳惠老師的熱情與專業的帶領下，二位夥伴老師都於代理教師的隔年如願考上臺北市正式教師，而另一位具有特教教師身分的新進老師則是栽培出總統教育獎的孩子。一路陪伴、服務夥伴教師，看著夥伴教師努力成長後有所成就，是泳惠老師最開心的事。

7.濱江國小陳蕙菁老師

蕙菁老師對於教育的投入，有口皆碑，15年來始終如一，歷任服務於三所學校，皆深受學校與同事的肯定。此外，熱情於教學專業成長並積極參加臺北市行動研究論文發表、各類教學活動教材設計甄選比賽等亦多次獲獎，豐碩的創新教學成果，與同儕激盪出更多持續精進的動力，也累積教學經驗傳承的能量。

蕙菁老師取得教學導師資格後，每年帶領至多三位夥伴，連續三年不間斷。在臺北市中小學，多數教學導師是帶領一位夥伴或二位夥伴教師，而蕙菁老師的情況不同，考量到學校屬新復校，具有教學導師資格者不多，而需要支持、協助的夥伴卻較多，她願意多承擔一些，但驅使她來者不拒、無私奉獻的最重要關鍵是她深具熱情且平易近人的特質。

熱情的蕙菁老師認為人與人的互動，要有五到 ── 心到、眼到、耳到、手到、口到，最首要的「心到」就是從關心夥伴教師的生活點滴開始，以建立和夥伴教師的信任關係。之後，蕙菁老師會親自上課、動手示範教學給夥伴老師看，並在課後與夥伴老師討論分享中，逐步累積夥伴教師在課程與教學上的實務概念。在學期過一段時間後，蕙菁老師會慢慢進行對夥伴的觀課，從觀課過程中協助夥伴瞭解自己的教學，及可以調整的方向。她提到教學導師在觀課中可以運用的另外三到；眼睛要雪亮，要看到夥伴老師的需求；耳朵要多傾聽，理解他們的困惑；嘴巴要多讚美，讓他們有信

心，因為多數老師不是沒有能力，只是缺乏一點點經驗而已，透過讚美肯定，可以讓他愈來愈好。

8.瑠公國中林美芳主任

瑠公國中，座落於臺北市山峰靈秀的虎山之下，以人文關懷、科技應用、環境調適為學校願景，培育無數莘莘學子。臺北市自試辦教學輔導教師制度起，瑠公國中就開始積極參與，而其中推手之一即是滿懷愛與信任來提攜後進的林美芳主任。

身為虔誠基督徒的美芳主任，對教育的熱情長久不減，如同《以賽亞書》第40章第31節所示的，她奉獻於教育，似乎奔不困倦、行不疲乏，總能從信仰上獲得支持的力量，也讓她可以秉持「有一己之力，服一己之務，有百人之力，服百人之務，有千人之力，服千人之務」的精神，持續在教育夢田上默默耕耘著。

30多年的教職生涯中，美芳主任輔導過無數實習教師、夥伴教師，帶領他們融入教學生涯，協助他們解決教學問題，她雖已屆可優退之年，但對夥伴們的服務與對學校的愛與奉獻至今未曾停歇過，在102學年度以臺北市國中教師甄試國文科榜首身分錄取任職瑠公國中的陳立瑋老師，就是受惠者之一例。美芳主任誠為「在別人的需要上，看見自己的責任」之典範。

9.蘭雅國中黃美瑤老師

美瑤老師在蘭雅國中任教迄今已有20多年，期間主要

擔任導師工作,並協助學校推動各項閱讀與寫作活動;她長期投入閱讀教育的推動,平時飽覽詩書也樂於分享,2013年更獲得《親子天下雜誌》「閱讀典範教師」的殊榮。

在夥伴教師心中,美瑤老師是個很貼心、有熱誠又有愛心的好老師,她用真心去愛學生,每當遇到有學習障礙的孩子,她都能夠引導學生相互幫助,也不會讓學習障礙的孩子覺得自己是一味接受別人的幫助,而是讓孩子瞭解到每個人都有自己的優點和缺點,是可以互相欣賞和支持的。

對於夥伴老師們,美瑤老師從不吝於展現她的關心與貼心,因而建立了信任而持久的師徒關係。除了個別輔導的進行之外,美瑤老師也善用團體輔導的機制。例如:在學校日之前,教學輔導教師就會協同夥伴教師,仔細的沙盤推演,討論班級座位如何安排、環境如何布置,分析家長可能詢問的問題、學生問題如何處理……等。善用團隊的力量來引導其他人,是美瑤老師在服務領導上的特色之一。

10.誠正國中朱菲文老師

朱菲文老師畢業於輔仁大學數學系,大學畢業後曾在私立格致中學任教五年,1992年考入誠正國中任教迄今。擔任教學導師亦有11年之久,是臺北市非常資深的教學輔導教師之一。在誠正的20多年歲月裡,菲文老師大多擔任數學教師並兼任班級導師之職,擁有豐富的班級經營以及數學領域教學經驗,她謙虛待人的熱忱以及自稱「雞婆」的服務性格,以及遇到問題理性剖析與解決的能力,讓夥伴教師與其他同儕教師談起她時總是滿懷感恩、讚譽有加。

　　菲文老師的熱情顯現在，她對教職的認真負責，很多事情她都是站在學生的立場為學生好，然後去幫助學生做出正確的選擇。她對夥伴教師和學校的同事們也非常的熱心，是個會路見不平、拔刀相助的人，任何需要幫助的人，她都可以毫不吝嗇的付出，是個具有大愛的老師。而這種無私的愛純然發自內心、希望別人更好。也許在別人眼裡，做得愈多，只是累壞自己而已，但是對菲文老師而言，服務他人就是她的人生哲學。

　　菲文老師的熱情帶有理性的調合，每當遇到一個問題，她就會想要釐清事情的來龍去脈，找出問題的癥結點，再來對症下藥。例如：知悉夥伴老師班上曾有罕見疾病的孩子，菲文老師便會主動花時間上網查閱相關資料，將罕見疾病的症狀、可能出現的狀況、教學上應該注意哪些事等資料，一一整理提供夥伴老師參考。又有一次，菲文老師發現學校的部分教室產生日曬問題，坐在窗邊的學生在太陽猛烈的照射無法專心上課，菲文老師於是鍥而不捨地建議學校調整下層窗戶的顏色，改善日曬及反光的問題，讓學生有更好的學習環境。這種主動發現問題、診斷問題、解決問題的精神，正顯示了菲文老師具有行動研究的能力。

11.長安國中程峻老師

　　繞了一大圈，當了八年的職業軍人，因為國家政策的改變，讓程峻老師有機會離開軍職，一圓年少時的夢想──體育老師，歷經一連串的努力（學士後學分班、兩年中近20場的教師甄試），終於在90學年度順利過關斬將進入長安

國中，擔任體育教師兼生教組長服務至今。

教書近16年，除了碩士論文，程老師還寫了八本專書、約40篇的期刊論文、得獎無數的教案設計，以及一本專案計畫的報告書。之所以有這麼多作品，是因為在寫碩士論文時，程老師在查找文獻資料上屢屢碰壁的經驗，讓他有感而發，發願以文字的傳承，將自己辛苦的結晶分享給有需要的人。

在輔導新進的代理教師上，向來講求「績效」的程老師，為了讓夥伴老師在往後教甄的道路上有較多加分的機會，更是不斷的協助及勉勵夥伴教師完成一項項工作且參與競賽，光是從二年內的獲獎紀錄，就可以看見師傅是多麼大方的傾囊相授，而徒弟也不辜負師傅的提拔，認真地完成任務，師徒倆努力不懈的成果，最後幫助夥伴教師考上正式教師，便是教學輔導教師制度成效的最佳印證。

12.永春高中方美琪老師

永春高中推動教學輔導教師制度已有多年，在教學輔導教師與夥伴教師間的支持和教育專業的對流，讓校園中的氛圍在一個良性的循環中，透過我影響你、你影響我的歷程不停交替的流動著，打造一個正向、溫暖、充滿愛的學習園地。

進入永春高中服務至今已逾20年的美琪老師，爽朗樂觀、樂善好施的個性，讓她有絕佳的人緣，思維縝密、觀察入微的特質，則讓她有高人一等的視野，憑著一股喜歡為人服務的傻勁，加上「人和」和「視野」這兩個法寶，美琪老

師默默地引領教學輔導教師社群和學校的專業發展更上一層樓。

因爲感覺教學現場沒有適合的音樂課本，加上與夥伴教師受教背景的迥異，一個在臺灣學國樂，一個在西方學音樂教育，於是兩個人和另兩位音樂老師便合作寫了一套強調做中學、且專爲高中生量身訂做的音樂教材，當時爲了討論教材的內容，一群人常奮戰到深夜，是一段刻骨銘心的經驗。

除了個別輔導之外，美琪老師亦參與校內外的專業學習社群。烏克麗麗社群的開創便是一個例子，起初只是因爲美琪老師自己想學，所以想找幾個有志一同的老師們分攤琴師的費用，沒想到一號召，竟然有30多人響應，療癒性的烏克麗麗社群就這樣誕生了。二話不說的接下臺北市音樂科輔導團團員的任務，盡心盡力的規劃研習活動，回應音樂老師的需求，是另一個例子。以玩社群的方式，精進教師專業，是美琪老師服務領導的特色。

13.內湖高工彭欽隆老師

在內湖高工，校長及行政積極鼓勵教師參與專業發展工作，持續透過對話結合教師專業社群，精進教師專業知能。無論是推動教學輔導教師或是教師專業發展評鑑制度，電機科的彭欽隆老師可說是重要推手。也由於他的熱心推動和參與，內湖高工從99學年度校務會議提案申請辦理教學輔導教師制度，100學年度參與教師專業發展評鑑，至102學年度爲止，已經培訓了14位教學輔導教師，不但厚植了教師專業發展的能量，也凝聚了教師同仁邁向教學巔峰的向心

力。

「在影響他人前，演出更好的自己。」是欽隆老師一向
所秉持的理念，從擔任班級導師、學務主任，延伸到現階段
擔任教學輔導教師專業學習社群召集人，無論是擬定計畫，
設計活動，規劃統整學校教師專業發展評鑑規準、表格、檢
核資料，管理學校教師專業發展評鑑網頁，欽隆老師都自我
惕勵：懷抱正確的觀點與務實的行動，才能影響他人。除了
個人的努力外，欽隆老師同時用心地思考如何凝聚團隊的力
量。在每一個場次的專業成長活動，都有所謂的責任交付，
每位成員都接受任務的安排。進入內湖高工的學校網頁，清
晰明確地呈現如何凝聚老師們的力量，以及教學導師制度所
發展的整體規劃。

欽隆老師更是「活到老，學到老；與時俱進，學以致
用」的楷模。已達退休年齡的他，上課必定帶平板電腦，因
為備課教學的內容都在當中。近年來教育界關注的「學習共
同體」，欽隆老師不但是自己去學，並與另外二位國文老師
一同赴日參觀，跟隨佐藤學教授觀課、參訪、學習，並且主
動安排校內分享。他關切著——教師專業發展評鑑的焦點是
在老師怎麼教，學習共同體的部分是在學生怎麼學習，如何
連結這兩個體系，發揮一加一大於二的功能，是他所關切的
事。他不斷地深思，尋求在校內落實推動，翻轉學習的可能
性，也嘗試透過國文科教學示範，把「翻轉教室、翻轉學
習」、「學習共同體」的理念帶給全校的老師。

欽隆老師從未曾想要領導大家，而是將自己定位在
「服務大家的義工」，以無私無我的態度，在服務中，帶入

好想法、好作爲與同事分享，以「我願意做給你看」的想法，提供務實的示範。他秉持「傾聽、分享、尊重」這三個理念，願意走出來，願意去看去聽，願意先嘗試；有能力幫忙時，便歡喜享受付出；有機會分享時，心懷感恩且不藏私。他的言教和身教，的確展現「成就別人就是成就自己」的典範。

肆、結語

　　以上13位服務領導者的故事，看似很平凡的教師，卻也顯現其不平凡而且感人的一面，更見證了耶穌基督所創立的服務領導的意義與價值。這種主張「愛與奉獻」的服務領導核心理念，在我國中小學日益功利化的教育環境，實有暮鼓晨鐘之效，值得吾人大力倡導和應用在教育界的各個角落，讓人性的眞善美聖有發光發熱的舞臺。

　　從以上這13位教學輔導教師的實例中，我們堅信這些老師的服務領導特質、理念與具體行爲表現，有許多值得教育界，特別是承擔教學輔導教師角色的教師們所學習和效法。展望未來，我們期待教師們能體認服務領導是神聖難以放棄的公民責任，而有更廣大的教師同仁共同手牽手加入服務領導的行列。此外，爲了共同推展校務，促進學校革新，學校行政人員實有必要以服務代替領導，以身作則，充分展現服務領導的本質和成效。同樣的，每一位家長亦應以僕人的心態，服務校園，支持校務，而不干預校務的發展。學生們當以服務學習爲樂，在服務中成長並體驗服務的責任與成

就感。當服務領導能普及校園的每一個角落,便是臺灣教育成功的最佳見證。讓我們共同追求一個更美好的教育新境界!

(本文第貳部分之文稿原發表於國家教育研究院之「教育資料與研究」第109期,經編修後刊載於本專書)

參考文獻

吳清山（2008）。**教育行政議題研究**。臺北市：高等教育。

吳清山、林天祐（2004）。僕人領導。**教育研究月刊，120**，154。

周守民（1999）。新世紀的管理——談僕性領導。**護理雜誌，46**(2)，72-76。

林思伶（2003）。從「服務領導」的理念看教育組織領導與發展。**載於輔仁大學第二屆教育領導與發展學術研討會論文集**（頁21-50）。臺北縣：輔仁大學。

林思伶（2004）。析論僕人式／服務領導（Servant-Leadership）的概念發展與研究。**高雄師大學報，16**，39-57。

林思伶、華春鼇（2006）。服務領導的影響——以輔仁大學教發所93、94級在職專班為例。**載於輔仁大學第五屆教育領導與發展學術研討會論文集**（頁145-167）。新北市：輔仁大學。

林春如（2008）。**屏東縣國民小學校長服務領導、教師組織承諾與學校效能關係之研究**（未出版碩士論文）。國立高雄師範大學成人教育研究所，高雄市。

林梅君（2011）。**國民小學校長、教務主任服務領導行為與教師專業成長關係之研究**（未出版在職專班碩士論文）。輔仁大學教育領導與發展研究所，新北市。

林梅琴（2008）。學校領導人實踐服務領導作法的探究。**教師天地，152**，18-25。

陳宇虹（2007）。**國民小學校長服務領導行為與學習型組織關係之研究**（未出版碩士論文）。輔仁大學教育領導與發展研究所，新北市。

陳美君（2007）。**國民中小學校長服務領導行爲與學校組織氣氛關係之研究**（未出版碩士論文）。輔仁大學教育領導與發展研究所，新北市。

單國璽（2009）。**活出愛 —— 單國璽樞機主教的傳奇故事**。臺北市：啓示。

張德銳（2013）。服務領導在教學輔導教師制度中的應用。**教育資料與研究，109**，107-138。

黃金印（2011）。**臺北市國民小學校長服務領導與教師工作滿意度關係之研究**（未出版碩士論文）。臺北市立教育大學教育行政與評鑑研究所，臺北市。

黃家齊（譯）（2011）。**組織行爲學**（十三版）（原作者：S. P. Robbins & T. A. Judge）。臺北市：華泰。

楊世民（2009）。**國小教師知覺校長服務領導與教師工作滿意度之研究**（未出版碩士論文）。國立嘉義大學教育行政與政策發展研究所，嘉義市。

廖世輝（2009）。**高雄縣國民小學校長服務領導與學校組織文化關係之研究**（未出版碩士論文）。輔仁大學教育領導與發展研究所，新北市。

蔡進雄（2003）。走入心靈深處：僕人式領導的意涵及其對中小學校長領導的啓示。**教育政策論壇，6**(2)，69-83。

蔡進雄（2005）。中小學教師領導理論之探究，**教育研究月刊，139**，92-101。

謝文全（2003）。**教育行政學**。臺北市：高等教育。

簡世川（2009）。**高雄縣國小校長服務領導與教師組織公民行爲關係之研究**（未出版碩士論文）。國立高雄師範大學教育學系，高雄市。

嚴任吉（2009）。服務與領導、領導與服務。載於輔仁大學第八屆教育領導與發展學術研討會大會手冊（頁21-26）。臺北縣：輔仁大學。

Barth, R. S. (2001). Teacher leader. *Phi Delta Kappan, 82*(6), 443-449.

Greenleaf, P. K. (1977). *Servant leadership: A journey into the nature of legitimate power and greatness.* New York: Paulist.

Hunter, J. C. (2001). 僕人——修道院的領導啓示錄（張沛文譯）。臺北市：商周（原著出版於1998）。

Hunter, J. C. (2010). 僕人II——修練與實踐（李紹廷譯）。臺北市：商周（原著出版於2004）。

Keith, K. M. (2008). *The case for servant leadership.* Westfield, IN: Greenleaf Center for Servant Leadership.

Laub, J. A. (1999). *Assessing the servant organization: Development of the organizational leadership assessment (OLA) instrument* (Unpublished doctoral dissertation). Florida Atlantic University.

Somech, A. (2005). Directive versus participative leadership: Two complementary approaches to managing school effectiveness. *Educational Leadership Quarterly, 41*(5), 777-800.

Spears, L. C. (2002). Introduction: tracing the past, present, and future of servant-leadership. In L. C. Spears & M. Lawrence (Eds.). *Focus on leadership: Servant-leadership for the twenty-first century* (pp. 1-18). New York: John Wiley & Sons.

1

熱情管家婆
劍潭定心丸
——劍潭國小林恬瑩

【訪談／撰稿：蔡富美】

教學輔導教師：林恬瑩
學歷：國立臺北教育大學教育科技與傳播研究所
經歷：教學輔導教師、教務主任、社群召集人、學年主任、領域召集人

　　劍潭國小雖然是一所弱勢學生比例高達33%的學校，在「讓每一個學生都成為贏家」的學校經營目標下，一群辛勤耕耘教育福田的尖兵，透過薪火相傳，持續精進專業，構築劍潭為創新與永續發展的優質校園。

　　負責草創及執行劍潭國小教師專業發展評鑑（簡稱教專）計畫的前教務主任──林恬瑩老師，是一位熱情而稱職的領頭羊，她是劍潭人口中的定心丸，讓我們透過訪談來認識這位劍潭之寶。

劍潭人的定心丸

　　大學時期一段充滿成就感的家教經驗，讓恬瑩老師決定以當教師為職志。歷經臺東師院學士後師資班、三重永福國小的實習歷練後，如願成為臺北市杏壇的生力軍，加入劍潭國小團隊。

　　喜歡接受挑戰的個性，加上熱情助人的特質，從劍潭國小的第一個職位──資訊組長，她就是隨CALL隨到的熱情服務者。通過主任甄試後，受聘為五常國小的訓導主任，她是一位主動伸出援手的盡責主任。一份念舊的心情，一年後再度回到劍潭擔任教務主任時，她是校長和老師都安心的教專領航員。當教專行政工作上軌道之際，為了體會教育現場第一線老師的教學與班級經營，恬瑩選擇回任級任老師的角色，除了豐碩自己的教學歷練，也從實戰與體悟的歷程，印證各項教育政策執行的成效，這些年她是教育現場的實踐者。

行政的歷練，讓恬瑩對於校務推動有更宏觀的思維與同理的思緒。因此，對於劍潭人來說，校長會因爲任期而調動，可是恬瑩是留守而延續傳承的人。她是穩固的磐石，安定夥伴的心；她是劍潭步步邁向整體優質的重要戰將，所以她也是劍潭的活字典。這樣的關鍵人物，是大家信服且願意跟隨的定心丸。

教師專業領航員

　　恬瑩97學年度初接教務主任時，在陳錦蓮校長的支持下，開始在校內試辦教學導師計畫。有心就有力，獲得具有教學導師資格的許淑芬老師和吳秀玲老師的支持和協助，成立教學導師團隊，讓劍潭跨出攜手成長的第一步。

　　爲了辦理教學導師制度，除了積極參與承辦人員研習外，也參與教學導師儲訓。在深入瞭解教學導師計畫及其服務的內涵後，透過用心而熱情的規劃及執行，爲劍潭的專業發展奠下良好的根基。

　　在行政的付出及陪伴中，恬瑩看到教學導師個人的成長，以及幫助他人一起成長的喜悅，所以產生想要服務夥伴的心。因此，在轉任級任教師後，勇敢承擔教學導師的任務，陪著一位位的夥伴教師，展開專業助人的歷程。

　　花蓮師院師資班畢業的劉光漢老師，曾先後在公私立小學服務多年。在光漢的腦海裡，一直存留著一個深刻的記憶。一位學生的父親駕舢舨出海捕魚，因遇到大風浪而被沖走。傷心欲絕的學生母親，與驟失至親茫然無助的學生眼

神,就算經過多年,仍讓光漢難忘,當時那份愛莫能助的深層悲傷,更是難以釋懷。

這段經歷,讓光漢決定回到弱勢學生相對較多的公立小學體系,盡己之力幫助弱勢的孩子。當得知劍潭有三分之一的孩子是屬於弱勢族群的學生,光漢決定選擇這所學校作為實踐理想的起點。而能跟隨深具口碑的教學導師恬瑩來認識劍潭,讓光漢覺得非常幸運。

攜手邁向專業成長路

熱情專業管家婆

在恬瑩的心目中,一個能夠服務夥伴教師的教學導師,要有助人的專業、管家婆的熱誠以及全年無休如7-11般的貼心服務,才能給夥伴最有力的依靠。因此,抱持「在別

人的需要看到自己的責任」之理念下，恬瑩總是以百分百的熱誠，隨時隨地、盡心盡力的提供夥伴專業的諮詢與服務。

根據恬瑩的觀察，老師在自己的教室王國裡，有時候遇到困難也不知該如何突破。因此，如果有一個願意提供支持與協助的「管家婆」，猶如有個背可以依靠的安全感，那才是最實在的支持。而「沒有專業就沒有成功教學」的理念，讓恬瑩認為，唯有持續追求專業，厚植專業能力，才能擁有良好的教學知能，也才能提供夥伴教師適切的協助與服務。

重專業、富熱情而樂服務的恬瑩，只要有好東西就會想分享，只要有一群人就會想服務大家，只要看到別人有成長就開心。因此，當夥伴有事相求或是遇到困境及瓶頸時，恬瑩就會把對方的事當作自己的事，給予多面向的分析及思慮，並且提出中肯的建議。抱著有能力幫助別人也是福報的心理，恬瑩是一位熱情助人的管家婆。

熱情專業的劍潭管家婆

人師典範教育愛

　　相信「天生我材必有用」以及「行行出狀元」的恬瑩，也是一位熱情奉獻的老師。為了鞏固學生的基本能力，激發他們的潛能，她對孩子付出很多，也鼓勵孩子全力以赴、勇於嘗試。每天都利用下班時間，針對經濟弱勢且課業落後的學生，做義務課業指導。

　　而在鼓勵學生勇於嘗試方面，光漢印象最深刻的一次是，恬瑩老師的班級代表學校參加北區大隊接力比賽。雖然由體育老師負責訓練，可是恬瑩老師在學生受訓的時候，跟擔任體育教學的光漢攜手，一起鼓勵孩子，此舉凝聚了全班的向心力與榮譽心，最後連跑最慢的學生都想上場參賽。一位如此熱情又富教育愛的老師，面對學生的各種狀況及挑戰，從不暴怒及抓狂，有的是修養跟耐性。也因為帶班有節奏及得心應手，恬瑩老師的學生總有亮麗的表現。

　　恬瑩一直維持著初任教師的熱誠，讓光漢看在眼裡，感動在心底。也期許自己以恬瑩老師的人師典範為榜樣，學習她對教育的始終如一。

激勵學生運動場上展自信

以身作則小辣椒

　　畢業於臺北市立教育大學課程與教學研究所的許淑芬老師，有豐碩的教學資歷。淑芬和恬瑩是很有緣份的麻吉同事，都曾在新北市的永福國小服務。兩人一起開啓劍潭的教專成長路，也一起擔任教學導師，更一起參與教學創新與行動研究比賽，彼此是相互支持的好夥伴。

　　「小辣椒」是淑芬對恬瑩的暱稱。因爲身形嬌小的恬瑩，分析事情常常是一針見血，但又不失幽默風趣；做起事來敏銳又有效率，但富有同理心又善解人意。

　　在淑芬眼中，恬瑩喜歡帶頭做，要求別人前先要求自己，讓人覺得心服口服而願意跟從。如繳交教學檔案，總是先完成自己的教學檔案，提供給夥伴參考，再鼓勵對方一步步的完成。

　　做事嚴謹、做人彈性的恬瑩，除了嚴以律己、寬以待人外，細膩的心思更是讓人窩心。往往在對方還沒開口的時候，她就會發現及瞭解別人的需求，並且透過幫助讓別人更好。她的溫暖相待，讓人打從心底感謝與佩服。

　　「小辣椒」良好的能力、精準的眼光、幹練的行事，加上以身作則的風範，不論是帶領夥伴教師或是社群，她的魅力及服務領導，在在展現了劍潭之寶以身作則的典範，也充滿了說服力與影響力。

師徒相伴成長好麻吉

善解同理建信任

教學年資相仿的恬瑩和光漢，如何建立彼此的信任關係是一項考驗。分享自己初任教師的緊張經驗，是恬瑩降低夥伴老師焦慮及挫折感的撇步。「原來你也曾經和我一樣」的同理及親切感，讓夥伴卸下心防，良好的互動於焉開始。

恬瑩特別強調，要發揮教學導師制度的功能及成效，開學第一個月是關鍵期。開學前要先瞭解夥伴老師及其班級，然後透過密集接觸、溝通和分享，讓夥伴老師瞭解班上的狀況，也能獲得學生的心理認同及支持，往後的班級經營就會比較順利。

恬瑩曾經遇過夥伴老師面對行政人員入班觀課而焦慮不已的狀況。此時教學導師的傾聽、接納，主動協調以錄影取代入班觀課的變通方式，都是讓夥伴減少壓力，同時鞏固彼

此信任關係的努力。而後續透過案例討論引發自我覺察，以耐心引導蓄積教學能量，都是恬瑩讓夥伴有自信面對教師生涯之作為。

除此之外，恬瑩也常常對夥伴老師表達關懷。而讓恬瑩最窩心的一件事，是夥伴老師回過頭來關心她，且願意分享生活的點滴。這份窩心，讓自己願意再付出更多心力，來幫助夥伴教師，彼此形成愛的正向循環圈。

適時適切伴成長

不論是否擔任教學導師，在恬瑩的想法裡，對於新進老師一定要適時伸出援手。因為，沒有後援的人，往往會不知所措或做白工。因此，抱著分享的快樂勝於獨自擁有的心情，恬瑩都是熱情關照，她覺得受惠的是學校的孩子。

雖然熱情助人很重要，但恬瑩認為適時的關懷及耐心等待更是重要。有時候夥伴礙於面子不好意思發問，或是尚未做好接受幫助的心理準備，如果教學導師覺察不夠敏銳或是太早介入，都可能無法提供到位的協助。而「適度」是需要拿捏的，若夥伴自己可以處理得宜，就學習放下；有需要時，則隨時掌握狀況盡力幫忙。

除了關照外，恬瑩認為傾聽跟接納也很重要。透過傾聽，判斷夥伴是需要建議或只是需要一個情緒垃圾筒。像夥伴光漢老師，就是有十年帶班經驗的教師，恬瑩認為自己不用給太多的建議，而是傾聽與同理。當對方心裡已有想法時，只要鼓勵、陪伴及追蹤後續發展即可。

以專業引領新手教師

📖 關懷協助全方位

　　在光漢的過往經驗裡，新手教師都是一路跌跌撞撞摸索而來。因此，當來到劍潭，得知學校為新進人員安排教學導師時，「有師父帶著就是安心」，讓光漢非常高興及慶幸。不論是第一年的體育代課教師，或是隔年中途接手畢業班，有恬瑩老師的觀課及分享，讓光漢在適應新學校及新學生時更順手，猶如吃下一顆定心丸。

　　在一個寒冷的冬天，光漢的班級有多位學生染流感。幸好有恬瑩的察覺及提醒，以及熱心協助，從教室的消毒、尋求護理師支援、師生全面戴口罩等等，給予最實際也最重要的提醒，讓光漢掌握到危機處理要訣，而控制住流感傳染的威脅。事後回想，光漢心中滿是感謝。

　　當光漢因為不瞭解「小小說書人比賽」的性質，而不知

該如何指導班級參賽的小朋友時，恬瑩除了親自示範外，並提供臺北市深耕閱讀網得獎範例供參考，同時協助指導光漢班級學生的排演。另外，學校電腦的操作、校務行政系統的運用、教學檔案的製作、教師甄試教案的設計及試教等等，恬瑩對於夥伴老師的協助都是知無不言、言無不盡。

如果是學校重要的活動，恬瑩會以擔任過行政的經驗，說明活動的性質、努力的方向及預期的目標，並分享過往辦理及參與的經驗。有範例、有同伴，夥伴就不會擔心，而可以跟著前進。

在光漢陪伴病重父親而蠟燭兩頭燒的艱難時光，恬瑩以開學年會議的巧思，為忙到忘記過生日的光漢慶生，讓光漢深受感動，直說沒遇過這樣的老師。

恬瑩老師全方位的關懷協助，讓身受其惠的光漢認為，教學導師制度應該要推廣到各縣市，讓更多人有機會以專業和熱情幫助新手，也讓更多新手因為這個制度而放心奉獻教育。

攜手踏穩教育路

恬瑩認為，由於教學導師通常是夥伴老師信賴而尊敬的同儕及師父，在信任度足夠的情況下，教學導師可以協助夥伴老師適應環境、爭取該有的權利、圓滿處理衝突事件，減少他們出錯的機會。當夥伴老師安定了、工作滿意了，教學效能也會隨之提高。對於學校整體來說，教學導師這個中介者及潤滑劑的角色，有效促進學校的和諧，連帶提升家長的

滿意度及學校整體的效能。

　　除了帶領夥伴老師跟上學校辦學的節奏外，恬瑩也以自己為例，分享她利用課餘時間，完成碩士學位並參加主任甄試及培訓，一步步朝向目標前進的經驗，鼓勵光漢有計畫性的讀書，有計畫性的規劃教育生涯發展。恬瑩亦師亦友的關照，協助光漢有節奏的踏穩教育路。

歡喜結下師徒情　楷模學習定心丸

情義相挺愛相隨

　　由於教學導師人力的不足及小校的限制，所以在配對上較難達到專長的適配性。雖如此，過往行政的歷練，讓恬瑩在教學導師的服務裡，多了一份任勞任怨的情義相挺，也讓服務的歷程盡是歡喜心與奉獻情。

　　在劍潭，社群領頭羊的角色稱為「社長」。恬瑩認為社長要做得比別人多，信服和向心力才會出來。以參加行動研

究比賽來說，為了傳達公正與尊重的理念，恬瑩會將整個歷程的工作細項清楚的條列，讓社群成員按照自己的意願及個人條件認領負責的部分。等大家都認領後，剩下的工作就由社長恬瑩全部攬下。由於恬瑩總是默默的做很多事，夥伴在深受感動後，後來大家都搶工作做。一份體諒，不計較每個人做得多或少，一份不強求的貼心，讓成員有參與的機會，也有被同理的幸福感。

　　有豐富方案參賽經驗的恬瑩，每次在達成目標之前，都是以溫柔而堅定的態度督促著大家。但如果夥伴因為各種因素而無法達到進度時，恬瑩會適時提供協助，透過幫忙及補位而將任務完成。另外，擔任社長負責統整的她，當有看過及修改過成員的資料，都會告知，以示尊重。這都是恬瑩帶人帶心的訣竅。

　　歷年來的默契及努力，恬瑩所帶領的社群都是學校得獎的常勝軍，成員的穩定性也是最高的，那份歸屬感及成就感凝聚了大家的愛相隨。對於學校的運作及發展，這都是一股向上、向善的力量。

情義相挺愛相隨　正向能量滿校園

教學相長收穫豐

回顧擔任教學導師及社群領頭羊的歷程，恬瑩除了心胸更開闊外，更覺得自己才是獲益最多的人，因為發現自己有能力幫助別人是歡喜的。恬瑩分享：

「看到夥伴圓滿的解決挑戰，感覺好像自己把事情解決了一樣，很開心。」

另一方面，從帶領及陪伴中，也激發出自己的創意與活力。例如年輕老師擅於運用多媒體教材，來豐富教學內容。恬瑩在觀課之餘，因為教學相長也有了見習與體悟。不一樣的夥伴，有不一樣的學習機會。恬瑩認為教學導師在辛苦的背後，也有別人沒看見的成長契機。

而在教學導師的服務中，藉由跟夥伴老師討論班級經營及教學的問題，自己也獲得非常多的經驗。因為有些挑戰及經驗是自己未曾遇過的，由於夥伴的提出及相互討論，讓恬瑩有省思及構思解決策略的機會。對恬瑩來說，這是成長，也是蓄養能量與養分的機會。所以，恬瑩由衷感謝自己能有服務的機會。

愛在劍潭發光時

走過幾所學校的光漢，從鄧美珠校長和教學導師恬瑩的身上，看到劍潭團隊獨特的氣質。他們具有典範的魅力，又

有無比的熱情和真誠，因此能營造出人和的氛圍。當天時地利人和具足時，校長和領頭羊們，帶著堅定的意念、鼓勵的話語，讓老師們願意跟隨，齊心往學校要推展的方向努力。劍潭能獲得優質學校整體金質獎，就是最美的見證！

　　如果說，教育是一段用生命感動生命的歷程，恬瑩的無私及教育愛感動了劍潭人的心。如果說，教育是點燈傳燈的志業，恬瑩的熱情和奉獻照亮了劍潭的教育發展路。愛在劍潭發光時，回首盡是歡呼與甜美！恬瑩一路行來，始終選擇服務至上與歡喜付出，與教學夥伴相伴相隨，舞出一首首美麗的教育詩篇，開啓一個個圓滿的生命！走筆至此，腦海浮現2002年中國四川才女毛敏在高考中得到滿分的作品〈選擇〉，詩中前兩段和結語分別寫道：

> 如果我是一片雲，我會放棄高高在上，
> 我選擇化作一滴滴小雨飄落人間。
> 你要問我為什麼，
> 請看看那些鬱鬱蔥蔥的生命，
> 那，就是我的答案。
> 如果我是一支河流，我會放棄奔流到海，
> 我選擇化為甘泉流入麥田。
> 你要問我為什麼，
> 請聽聽農民伯伯喜悅的笑聲，
> 那，就是我的答案。
> ……
> 人生，是一篇做不完的選擇題，

向前？向後？往左？往右？

如果你已迷失方向，

瞧瞧你心靈中的眞、善、美吧，

那，就是你的答案。

———— 毛敏〈選擇〉

恬瑩老師也是這般地化自己的生命爲雨露甘泉，給她一個施力點，她便會潤澤更多的心靈，點燈、傳薪，撐起一個溫馨美好的小宇宙。

愛在劍潭發光時　優質金牌閃亮亮

服務領導魔法石

「我們的成功有賴於協助他人有所成就」

——費瑟（William Feather）

Robert K. Greenleaf（1904-1990）在70年代提出服務領導的概念，此觀念的啟發緣自一本《東方之旅》（journey to the East）的書。書中描述一群人籌劃一次神祕的東方旅行，而靈魂人物乃是大家的僕人李奧（Leo），他聽從主人們的吩咐，打點瑣事，常穿梭在不同主人間扮演協調溝通的角色，漸漸地，大家習慣於聽從他的安排。直到有一天，李奧突然失蹤，眾人便陷入了空前的恐慌……。此時大家才深深體會到，事實上，李奧早已成為攸關全局的重要人物，沒有他的帶領，眾人無法成事。

劍潭國小的恬瑩老師，以李奧（Leo）的僕人式服務奉獻精神，展現管家婆的熱情和專業涵養，成為劍潭愛的發電機，鼓舞很多夥伴跟隨前行。而她獨有的行政歷練及深耕生根的付出，讓她成為劍潭人的活字典，更是穩定人心的定心丸。如果說：「幫助他人成功就是自己的成功」，恬瑩老師無疑是一位成功的教育家。這位熱情而專業的管家婆，值得我們學習也值得我們為她喝采！

2

站在向陽處
攜手成長路
——新湖國小翁姿婷

【訪談／撰稿：蔡富美】

教學輔導教師：翁姿婷
學歷：臺北市立師範學院數理教育學系
經歷：教學輔導教師、學年主任、領域召集 　　　人、社群召集人

位在臺北市內湖區的新湖國小，在歷任校長優質的帶領下，透過教師專業發展，持續追求卓越，戮力成就每一位學生，成為身心健康而能自我實現的高素質公民。充滿陽光與正向特質的教學導師——翁姿婷老師，在新湖國小邁向專業成長的路上，與夥伴譜出一首首動人的教育詩篇，她是新湖的萬能魔法師。

萬能魔法師

姿婷老師是夥伴老師心目中的「小太陽」，因為她的正向與溫暖，帶給人信心與能量，讓夥伴有自信迎接教育生涯的挑戰。

她是學年老師推崇的「火車頭」，因為面對教學工作，她化被動為主動，帶領大家向前衝，讓所屬的團隊總是被稱讚工作效率快又高。

她是社群老師信服的「領頭羊」，因為她的用心規劃及投入帶領，將每一位老師的智慧寶藏挖掘出來，帶動起新湖的教師專業發展。

她是行政團隊感激的「好幫手」，因為新的行事曆、新的校務行政系統，她都會試著操作、主動「勘誤」、協助修正，讓大家可以輕鬆且順利的完成任務。

她是教學創新與研究的「模範生」，不論是精進教學檔案比賽，或是推動兒童深耕閱讀，還是參與臺北市教育專業創新與行動研究比賽及發表，她都是熱情的參與者。

新湖國小這位萬能魔法師——翁姿婷老師，自臺北市立

師範學院畢業後，分發到新湖國小實習。實習完便持續在新湖國小執教至今。這期間除了稱職的擔任級任教師外，姿婷曾經當過學年主任、數學領域和語文領域的召集人。

安心牌的「SOP女王」

> 「複雜的事情簡單做，你就是專家；簡單的事情重複做，你就是行家；重複的事情用心做，你就是贏家。」

> ——阿里巴巴，馬雲

姿婷老師的好記性讓她成為一位提醒者的角色。不論是一學期一次的校務行政系統成績輸入，或是以往辦過活動的流程及細節，姿婷的「人腦」都記得清清楚楚。所以，她常成為大家諮詢的「新湖活字典」。就連各處室規劃的行事曆，在發布前，有時也會請姿婷先幫忙檢核，她的細心及好記性往往有除錯的好效果。

而教學設計及活動的辦理、班級經營的祕笈，以及學校行事的配合，姿婷都有一套套的流程，甚至套套還預留彈性的空間，以備突發狀況的因應。如此縝密的規劃及執行力，讓她獲得「SOP女王」（Standard Operating Procedure，簡稱SOP，意為標準作業程序）的封號。大至課程的安排，小至打掃工作的排定、班級獎懲制度的訂定及實施，都因為「SOP女王」良好的規劃，而讓教學及班級經營更成功。

　　凡事有計畫、有節奏、有配套、有彈性，讓姿婷的教學生涯有一份心安，生活有一份平衡，也讓跟隨她、學習她的人，跟著獲得一份心安。

SOP女王是團隊的火車頭

大小鈕扣　環環相扣

　　為了落實教學導師制度的美意，以及實踐攜手相伴共成長的想望，新湖於95學年度成立「鈕扣俱樂部」。由受過培訓的教學導師（大鈕扣），服務初任、新進與自願增能之夥伴教師（小鈕扣），取其大小鈕扣、環環相扣、倍加溫暖之意。

　　鈕扣不但可以連接衣服的門襟，使穿戴更為牢固，也有裝扮衣服、使服裝更加完美，發揮畫龍點睛的作用。教學導師與夥伴教師在學校的緊密聯繫、默默耕耘，不僅可提升教學專業，也提升學生的學習品質。

　　充滿教育愛的大鈕扣們，透過薪傳心傳的歷程，以生命感動生命，帶著小鈕扣攜手邁向專業成長路，共耕教育福田。大小鈕扣們共好的情懷、相伴的美意，讓教學導師制度，在新湖有了最美的演繹，也奠定新湖教師專業發展的基礎。

定期聚會的大小鈕扣俱樂部

實習經驗　點燃服務情

　　姿婷憶及實習帶班時，只能在摸索及失敗的經驗中，慢慢找到教學順利的撇步。而教學導師制度，讓姿婷看到助人的美好。加上聽到同校李家旭主任及林穎老師，分享了教學導師培訓裡，豐富的研習課程及參與的感動後，在心動及使命感的驅使下，97學年度完成教學導師培訓。隨後就參加新湖的「大小鈕扣俱樂部」，至今仍持續服務。

　　姿婷認為，一位能夠服務他人的領導者，需要從願意分

享及不藏私做起，而打開自己的教室大門，就是一個實際服務的開始。對於完美主義的姿婷來說，要打開教室的大門，其實是很大的挑戰及掙扎。直到時任教務的許淑雲主任，邀請她擔任實習輔導教師後，被肯定及賞識的感覺帶來勇氣，加上使命必達的個性，於是，從歡迎學生到實習老師、夥伴教師、教室走察人員及隨班照顧孩子的家長，姿婷打開了教室，也協助開啓了新湖分享的文化。

一段實習經驗，引燃一股服務熱情；一份勇氣與使命感，開啓了姿婷的教室大門。於是，姿婷的教育生涯因為擔任教學導師而有了不同的風景。

楷模風範　多做多得

林映辰老師是新湖國小的校友，自小在從事教職的雙親耳濡目染下，對於一位熱情而專業的教師，可以透過教育來幫助及改變學生，有很多的體認及感動。因此，在見賢思齊的想望中，選擇教育為自己的志業。

臺北市立教育大學教育學系畢業後，映辰回母校實習，在學校的配對下，姿婷老師成為她的實習輔導老師。實習結束後，受聘在新湖擔任代理代課教師的二年半時間，一路跟隨姿婷老師學習與成長。

映辰觀察到的是，姿婷在學校及家庭兩頭忙的雙重角色中，仍然為自己訂了「不允許開天窗」的標準。因此，做不到的事，她不會輕易答應，但只要答應一件事情，就會做到完整、做到好，認真執行的程度常常超出所訂的標準。

　　而每當團隊遇到新的困境或是問題，姿婷選擇不抱怨，正向面對問題。以尊重個別為前提，情感和睦為原則，在不給別人壓力的過程中，先表達自己能做想做的部分，然後投入心力並和大家分享。「寧願多做，才過得了『自己』這一關」是姿婷的信念與堅持，充分展現一位典範教師的風範。

　　「多做多得」是姿婷分享給映辰的觀念。因此，面對教甄壓力及教學挑戰，姿婷在尊重映辰意願的原則下，會有計畫的引導她暸解學校的目標跟理想，以及教育的潮流及趨勢，帶領她參與教師專業發展評鑑及教師專業學習社群，並且透過分工合作，學到扎實的教學知能。

　　在教育生涯的第一哩路，因為姿婷老師的帶領，看到經師與人師典範，讓映辰自勉以當「小姿婷」為目標。欣喜的是，映辰於103學年度順利通過教師甄選，成為新竹杏壇的生力軍。

師徒攜手邁向專業成長路

正直無私　領導有方

　　數理系畢業的姿婷邏輯觀念很強，她覺得任何作為需要說服得了自己，才能說服得了別人。因此，做得正，無愧於良心，是她信服別人的展現。在團隊裡，她常常是以身作則、勇敢承擔。若遇到成員有不同的想法，而這個決定又是關係到整個學年或是學校時，姿婷就會發揮正直的特質，幫大家分析利弊得失。往往在她的先誇獎後建議中，讓大家能夠就事論事，共同找到最佳的執行方案，間接提升每一項方案執行的成功度，也兜起了團隊成員彼此的信賴度和凝聚力。

　　最令人津津樂道的是，她和學年老師共同規劃設計出「小一新生的魔法書」。這本前瞻而創新的家庭聯絡簿，集結姿婷低年級的教學專家經驗，收存了眾人的智慧結晶。在內容上有「家長的魔法教室」、「孩子的魔法15招」，配合四大主題「快樂有絕招」、「學習遊樂園」、「校園新鮮事」、「生活小達人」，循序漸進的安排各種親子課程。透過聯絡簿上的活動和說明，減低家長和孩子的焦慮與不安，讓家長瞭解到如何幫助孩子適應學校生活，也讓孩子可以快樂的學習。這本看得到教師用心的「小一新生的魔法書」，翻轉家庭聯絡簿給人的刻板印象，也成為親師生交流及成長的園地，更獲得臺北市第13屆教育專業創新與行動研究「教材教具實物展示類」特優的肯定與榮耀，除了嘉惠一屆屆的新湖親師生外，也因為無私分享而讓更多人受惠。

　　姿婷領導有方，讓團隊建立好口碑及歸屬的榮耀感，也蓄積了再合作的能量，成為新湖金字招牌的優質隊伍。

行動研究特優受邀至南港國小發表

熱誠謙卑　寬容尊重

　　姿婷律己嚴謹，但面對他人時，她選擇寬容。以班級經營來說，姿婷認為，當一位老師擁有寬容的心，就會想得出更寬容的方法來教育孩子。因此，面對來自多元家庭的小朋友，姿婷都會做個別的考量而因材施教。很多可能爆發的親師生衝突，往往在一份寬容中，消彌於無形，留下的是教育的溫情。

　　姿婷的寬容，也展現在對夥伴教師的尊重。映辰回憶著

　　　　「她不會一開始就點破，而是默默的觀察，
讓我自己試過後，再以委婉的語氣引導我反思教
學的歷程及班級經營。這份同理夥伴的貼心，讓
我感受到她的尊重及寬容。」

　　面對學校同仁時，謙和而熱誠的姿婷，總是以帶人又帶
心的方式傳達她的教育愛。在團體裡面，她是一個樂意分享
的老師，她會主動而熱誠的提供資訊，而且過程是貼心細膩
的。

　　自我的高標，對人的寬容，無私的熱誠，共好的情
懷，讓姿婷成為大家信賴的「火車頭」，放心的跟隨她前
進。

快樂服務　分享共融

　　在帶領夥伴成長的歷程，如果姿婷察覺到夥伴的緊張與
壓力，除了以身作則及分享經驗外，也會以正向的話語鼓勵
夥伴，並且給予必要的協助和引領，一步步帶領夥伴完成任
務並建立成功經驗。

　　印象最深刻的經驗是，一場讓映辰緊張不已的教學觀
摩，姿婷協助一次次的演練及修正，穩住了映辰不安的心，
也建立了上場的自信心，終於辦理了一場成功而獲肯定的教
學觀摩。另外，姿婷分享的資料和檔案，因為有實用的表格
及完整的教學流程可參酌，讓映辰猶如站在巨人的肩膀向上
發展，少了很多摸索及嘗試錯誤的時間，而讓教學增添很多

的成就感。

　　助人爲快樂之本，是姿婷老師的服務信念。求好心切的姿婷，在服務他人的時候，總是不斷問自己有沒有眞眞實實的助到人？因此，映辰一句「我撐過來了」，讓姿婷感受到助人的快樂與成就感，也對於教學導師制度更加肯定與喜愛。

　　另一方面，擔任語文領域社群召集人的姿婷，爲了讓社群的參與有實質的收穫，透過完整的規劃，確實的分工，帶領老師輪流分享、回饋、省思、提問及成果發表。共學的歷程，成員在充滿成就感中也提升了專業知能，感受到社群學習的效益，也讓姿婷覺得欣慰。

　　一份成就他人的情懷，讓姿婷看見自己的價值，也享受到助人的快樂和成就感，眞可謂「幫助他人成功就是自己的成功」之最佳寫照。

積極參與教師專業學習社群

貼心覺察　帶人帶心

　　姿婷認為信任關係的建立就是敏銳的覺察及一份貼心，站在夥伴的立場提供適切的服務。當夥伴教師感受到被同理及獲得實質的幫助，後續的服務與互動就會更順利，教學導師與夥伴教師的關係也就跨進了一大步。

　　印象最深刻的一次，是幫過一位夥伴老師做教室布置。因為備課日的時候，當夥伴老師看到別班的老師都做好教室布置及開學準備，心裡開始慌亂。於是，姿婷從教室布置到教科書整理，從教室規劃到作業如何排放，協助他定下心，而有自信的迎接開學。

　　除了實質的協助夥伴教師外，姿婷也體悟帶人帶心的重要性。因此，專業對談外，對於夥伴教師映辰的人際互動、身心安頓及家庭生活，姿婷都給予關懷，兩人因而建立起如姊妹般的情誼。姿婷的貼心及樂意分享的特質，不管是帶領夥伴老師或是社群，都看得到努力的足跡跟成果。

亦師亦友情同姊妹的師徒情緣

關懷同理　幸福靠山

　　講求工作效率及時間管理的姿婷，在學校的時間都處於快節奏的狀態。但是，當夥伴老師或是學校同仁來找她求助的時候，她就會放下手邊的工作，放緩步調，營造從容靜定的氛圍。從傾聽困境到同理心情，瞭解夥伴的狀態而提供必要的協助。有時候，更會以自己的教學經驗和媽媽的角色，和夥伴討論班級經營或是親師溝通的撇步。姿婷老師深深瞭解：

　　　　「親師溝通就是從建立信任開始。如果家長
　　　感受到你像媽媽一樣在照顧他的孩子，他就會對
　　　你非常的信任。親師情感存款足夠，家長就會百
　　　分之百支持你的教學及班級經營。」

　　覺察需求，傾聽同理，分享經驗，減輕壓力，是姿婷對夥伴的關懷。不論是及時救援，還是適時的提醒，都讓映辰有一份被呵護的幸福感，而得以專心從事教學。當學校是互助的能量加油站時，對於教育的未來，映辰充滿樂觀與信心。

從實習到教輔的幸福靠山

薪傳心傳　杏壇芬芳

　　帶著助人的熱誠，以及成就他人的情懷，姿婷爲新湖譜出一段段的教育情。

　　回首來時路，姿婷覺得在服務奉獻中，自己才是教學導教制度的受益者。

　　當勇敢打開教室的大門後，姿婷學會坦然面對觀課及專業對話，且更自在於每天的教學與交流。當看到自己的幫助能讓別人更成功，那種成就他人的感覺，讓她更有自信與開心。

　　另外，擔任教學導師後，爲了引領夥伴教師，也爲了給夥伴老師榜樣，姿婷處處以身作則。抱持不埋怨、多做多學的理念，正面迎接每一次的任務及挑戰，並且把每一件任務做到足、做到自己滿意。典範作爲，讓跟隨的夥伴看在眼

裡，學在心底。

　　曾是姿婷夥伴教師的張馨方老師，在轉換跑道到另一所學校服務的時候，由於親身體會到新湖教學導師制度的美善，也希望將這份助人的心意帶到新學校。馨方提及，不論自己是否具備教學導師資格，這份曾是夥伴受助受惠的經驗，激發自己讓愛傳下去的情懷。對於姿婷而言，這就是當教學導師最美的回報。

標竿帶領　自信向前

　　從貼心建立信任關係，從幫助促使繼續成長，從關懷厚植情感存摺，映辰覺得這是一段充滿感動的學習歷程，讓她看見典範，也看見自己的未來。

　　而在學習滿行囊中，映辰的葵花寶典裡裝著姿婷老師無私分享的智慧。姿婷老師那句「情感存摺夠，親師好溝通」的觀念及作為，讓映辰受益無窮，也讓她在班級經營更得心順手。而「SOP女王」的示範及筆記，讓映辰面對學生及班級時胸有成竹，教學效能就在良好的班級經營中有了最佳的展現。家長和學生的肯定、學校行政同仁的賞識，映辰滿心歡喜的說：「原來我也可以做到耶！」

　　師父句句叮嚀，徒弟點滴在心頭。有姿婷的標竿帶領及分享，映辰不但對於栽培自己有更明確的方向及動力；在人際互動方面，不忘多給別人讚美，就是有建議也要寫在優點之後；在生活態度上，答應別人的事就一定要做到，除了對學校的事情使命必達之外，連跟家人及朋友相處，也養成說

北市大鍾才元教授訪視指導

到做到的好習慣。一段豐碩而扎實的學習歷程，讓映辰更有
自信向前走。

鈕扣有情　教育有愛

　　鈕扣有情，教育有愛。新湖以「大小鈕扣俱樂部」，
串起教學導師和夥伴教師攜手共學的情誼，也提供了典範，
讓大家有一個學習的標竿。對學校來說，這是一個愛的循環
圈，更是專業發展的基石。

　　一段平凡中不平凡的教育故事，一首薪傳傳心的動人
詩篇，當姿婷看到映辰可以獨當一面，同時獲得大家的肯定

時，回首服務的歷程，姿婷一句「我有助人的能力！」語氣
盡是欣慰與歡喜。而對映辰來說，因為看到姿婷老師的正
直、認真、熱情、無私及始終如一，讓她學會感謝及寬容，
而更加珍惜教育情緣。

　　姿婷老師揮灑陽光之愛攜手耕福田，杏壇的芬芳得以在
新湖美麗的綻放，教學導師制度也在此有最美的演繹，服務
領導的精神更有了最踏實的實踐。讓我們以李家旭主任的這
段話語，作為本文最美的註腳。

新湖最美的風景，
是夥伴們的相互扶持鼓勵，
是緊緊相繫的鈕扣情誼，
是教師專業發展的提升，
是交響樂章般的校園文化。

服務領導魔法石

「教育無他，唯愛與榜樣而已。」

——福祿貝爾

　　新湖國小翁姿婷老師，因為愛與承諾，開展出不同的教育生涯。這位懷著教育情懷與使命感的萬能魔法師，在以身作則及無私的奉獻中，帶給別人成功的經驗，也帶給自己成就的喜悅。不但發現自己有助人的能力，也嚐到了助人的快樂。教育最美的風景，就在姿婷老師的向陽風範，而那溫暖的光芒，讓教育有了薪傳心傳的動人詩篇。

3

實踐之「秀」
——春風化雨的小甜甜
——實踐國小林盈秀

【訪談／撰稿：蔡富美】

教學輔導教師：林盈秀
學歷：臺北市立大學課程與教學研究所
經歷：教學輔導教師、教師會長、學年主任、領域召集人

　　位於臺北市文山區的實踐國民小學，是一所溫馨而充滿教學動能的學校。由於對教育的熱愛及對學校的認同，實踐國小一群教學導師透過攜手相伴的歷程，讓教師的智慧得以分享，教學的經驗可以傳承，也讓教育甜美的果實結實纍纍於實踐。林盈秀老師就是這群深耕實踐的教育尖兵之一，她是春風化雨的「小甜甜老師」。

優質團隊──教學輔導群

實踐之「秀」

　　盈秀老師是一位教學經驗豐富的老師。和很多1960年代出生的人一樣，因為家境清寒，國中畢業的時候，就打算到工廠當女工。由於國中的教務主任願意協助支付報考師專的費用，讓盈秀老師有機會參與報名，也幸運的考上當時的

臺北市立女子師範專科學校，從此走上教師這條路。

　　師專畢業後，她在老松國小服務七年，然後調到實踐國小服務至今。王博弘校長口中「良師典範」的盈秀老師，在實踐國小服務期間，除了級任職務外，還擔任過領域召集人、語文工作坊帶領人，101-102學年度更獲選為實踐國小教師會長。她奉獻教育的優良事蹟，榮獲2012年臺北市教師會energy教師會獎及第十屆臺北市super教師獎和全國super教師評審特別獎，2013年榮登臺北市杏壇芬芳錄。

　　回顧94學年度，當學校收到教學導師培訓的公文時，喜歡嘗試的盈秀老師，接受學校的推薦，參加培訓。當被問到為何願意擔任教學導師？盈秀老師提到，從老松調到實踐國小時，因為有熱心的老師帶領認識新學校、協助班級經營、分享祕訣，讓她很快適應新環境。擁有被幫助過的美好經驗，讓盈秀老師樂於協助新進老師。因此，從接受教學導師培訓拿到證書後，10年來都一直服務夥伴老師，至今不曾停歇過。

得獎連連——比賽常勝軍

樂觀正向的小甜甜

在夥伴老師的心目中，盈秀老師是一位樂觀而正向的人。尤其她關懷、包容且尊重別人的個性，讓跟在身旁的年輕老師們，有如沐春風的幸福感。

97學年度畢業於國立臺中教育大學的陳怡君老師，畢業之後回到母校實踐國小實習，101學年再度回到實踐國小擔任代課教師。對於被安排爲盈秀老師的夥伴教師，怡君覺得很榮幸，因爲盈秀老師是怡君小學高年級的導師，再續師生緣，彼此都是歡喜。尤其是盈秀老師的溫暖帶領，讓怡君建立起執教的信心。

已是臺北市杏壇生力軍的陳俐安老師，從國立臺北教育大學碩士畢業後，幸運的通過教師甄試而進入臺北市服務。到實踐服務的二年時光，因爲教學導師盈秀老師的示範與引領，讓她踏穩了進入教育殿堂的第一步。

除了夥伴教師外，在面對學生時，盈秀老師很少疾言厲色，也從不批評或口出惡言傷害學生，所以學生都很喜歡她，就稱她爲「小甜甜老師」。因爲看到孩子和老師有良好的師生關係，家長在肯定之餘，也和她有緊密而正向的關係。於是，爲了和親師生作密切的溝通與分享，盈秀老師在臉書開設「小甜甜老師的彩色世界」粉絲專頁，讓樂觀正向的小甜甜老師形象深植人心。

當被問及如何保持正向樂觀的態度，面對人生的每一場挑戰？盈秀老師做了很有趣的譬喻及解釋：

　　「把每一次的任務及挑戰當作是在打電動玩
具過關，每過一關，分數就累積得更高。難度高
的關卡，得分也更高，開心就加倍。」

　　電影《亂世佳人》裡的一段臺詞：「太陽明天還是會
再升起」深受盈秀老師喜愛。她認為，個人無論如何的失望
及難過，明天太陽照樣升起，人生還是照樣要過。所以在學
校遇到任何困難，就當下難過就好，不把學校的事情及情緒
帶回家，她也藉著學習肚皮舞、參加樂團等下班後的精采活
動，轉換心情。小甜甜的世界，果然是彩色的。

三好一中道老師

　　盈秀老師的好麻吉張寶文老師，從臺北市立女子師範專
科學校畢業後，就來到實踐國小服務。寶文老師好學肯做的
個性一直是年輕老師的榜樣，也是和盈秀老師一起帶夥伴老
師的好拍檔。兩位老師除了是學姊、學妹的關係外，更是互
幫互學的夥伴。由於彼此相知甚深，因此，透過寶文老師的
分享，我們更加認識盈秀老師。

　　在寶文老師的近距離觀察中，盈秀老師是一位三好老師
——說好話、存好心、做好事，內在很祥和也很穩定的人。
她不會因為成功就自我膨脹，也不會因為失敗挫折就沮喪，
更不輕易生氣或口出惡言。凡事走中道，不會太過於執著，
總是給人留餘地的作為。富同理心與慈悲心的特質，不但化
解很多的衝突，也讓大家願意和她站在一起。

　　盈秀老師的三好一中道，以及將心比心、帶人又帶心的作為，讓她和每一位夥伴老師，都能結下一段段美善的師徒緣。

最佳拍檔──溫馨師徒情

誠信溫暖師徒情

　　一場用生命感動生命的教育歷程要能展開及發揮效益，建立信任關係是首要的關鍵。面對夥伴老師，盈秀老師選擇用眞誠來帶領。從團體相見歡的一份小禮物，和一句：「只要你有任何需要，我都願意隨時待命。」讓彼此的關係有最溫暖的開始。

　　而每天午餐時間或放學後的相聚及請益，以及下班後利用網路溝通想法及相互加油打氣，盈秀老師的用心及用情，讓她和夥伴教師建立深厚的信任關係。因此，除了教學導師

制度的入班觀察、學習共同體的互相觀課外,每當校外有精彩的演講或研習資訊時,盈秀老師也會邀請二位夥伴老師一起參與。互幫互學的感覺,猶如教師的學習共同體。

另一方面,盈秀老師也扮演亦師亦友的角色。每當夥伴在教學遇到困境而向她吐苦水時,傾聽之後,都是接納及適時的引導。而年輕老師擅長的資訊能力,如在網路找尋教學影片、設計活潑生動的學習單等等,盈秀老師則是賞識與採用。師徒相處猶如自家人,彼此的互動自在又美好。

盈秀老師認為每一個人都有自己的偏好及喜愛,在陪伴專業成長的歷程中,她像是一位等待者、守護者與支持者,給空間、給時間、給支持。尊重而彈性的夥伴關係,讓怡君感受深刻也學習良多。而那始終如一的溫柔、耐心和笑容,是她對盈秀老師的美好印象。

相約研習——師徒共成長

以身作則樂分享

「助人爲快樂之本」是盈秀老師的服務信念。因爲她堅信「分享的快樂勝過獨自擁有」，所以，她除了樂於和夥伴老師分享班級經營和親師溝通的經驗外，也樂於將自己的教學歷程及辦理的班級活動，透過臉書粉絲專頁，將相片及文字紀錄做分享。此舉不但讓夥伴老師觀摩帶班的祕訣，也學習如何做一本質量俱佳的教學檔案。如果夥伴老師看了網頁的電子檔案後，想要進一步瞭解教學檔案的紙本內容，盈秀老師就會不藏私的拿出得獎檔案分享。

對於夥伴老師壓力比較大的教學觀摩，盈秀老師的作法是，先開放自己的教室，讓夥伴老師隨時隨地都可以觀課學習。然後再透過彼此觀課及觀課後討論，協助夥伴累積教育專業與信心。俐安從這樣的觀摩討論學習中，順利完成教學觀摩的任務，同時學到以自信及自在的心態，面對往後的觀課挑戰。

在俐安的印象中，很多學校的計畫及政策推展，如學習共同體、行動研究、教學檔案製作等等，都是盈秀老師帶頭帶領大家。就算是遇到低潮，她還是勇往直前，扮演一位先驅者。一次次由於盈秀老師的引領，讓夥伴老師漸漸降低壓力跟害怕的心，而慢慢跟隨及投入。盈秀老師的火車頭角色，對於實踐的專業發展路，無疑是一股很大的助力。

一個配合度高又不堅持己見的老師，當她扮演教師會長角色時，絕對是一個考驗。尤其在同仁希望她向學校爭取更多權益時，除了不斷溝通外，她都是選擇自己承擔帶頭做，

她覺得身教是最好的引領。即使年輕老師偶而有不同意見，但當他們看到資深老師帶頭做，往往就放下抱怨而跟隨前進。因此，寶文老師覺得，資深老師的正向示範，是一股校園安定的力量，而盈秀老師的以身作則，就是實踐人的榜樣與標竿。

除了校內活動帶頭示範外，在她擔任教師會長期間，雖然教學及學校事務已非常忙碌，但只要是臺北市教師會辦理的活動，有團隊意識的盈秀老師還是會配合辦理，展現學校層級教師會的誠意。由於她的熱情帶領，實踐團隊的榮耀心、天使情，在在讓人印象深刻。

盈秀老師常說：「一個人的成功，40%是靠人際關係。」所以，她個人不管在哪一個位置，無論得到多少獎項，或是多麼資深，她都期許自己做到——對人講話客氣、態度和藹可親、謙虛請益學習。她認為這是對夥伴老師的示範，也是她為人處世的準則。因此，擔任教師會長期間，雖然身兼數職而忙碌不已，但只要夥伴老師有問題請教她，她都會以尋求幫助者為優先。耐心傾聽、積極建議、關懷鼓勵，盈秀老師以身作則的模範生形象，深植在每一位夥伴的心中。

專業傳承——教學檔案樂分享

專業帶領定人心

　　教育現場挑戰多，年輕的夥伴老師難免會有經驗不足，而產生焦慮及挫折感的時刻。如班級經營遇到困境、學生受傷如何和家長溝通等等。面對夥伴老師的慌張及擔憂，盈秀老師都是先安定夥伴的心，然後做必要的分享及提醒，再陪伴一起面對事情、解決問題。專業的帶領，穩定的腳步，終能獲致一次次完美的結局，讓夥伴老師往後更放心跟著前行。

　　俐安難忘的一次經驗是，有一個學生不小心吞了筆蓋到肚子裡，在送醫到急診室時，盈秀老師就立刻打電話表達關心。因為俐安是第一次碰到這種事，很著急，所以，盈秀老師立即伸出援手及關懷陪伴，並且協助設想如何和家長溝通。盈秀老師就像一顆定心丸，讓人因為她的陪伴而安心。而她如夥伴般的協同處理問題，不是以前輩之姿高高在上下指導棋，則是讓俐安敬佩不已。

　　從夥伴教師到同學年教師，俐安常常向盈秀老師請益。當知道盈秀老師也曾碰過許多的挑戰，但仍然堅信不管遇到任何困難，都會有辦法解決的信念，讓俐安更加尊敬這位作風穩健、又很能安定人心的前輩。

　　謙稱心思不夠細膩的盈秀老師，認為自己未必能察覺到夥伴的需求。但從關懷問候主動表達關心，同時當個傾聽者及陪伴者，讓對方有「我會陪伴你」的安全感，是她喜愛且做到的方式。如受邀參加國科會計畫，在夥伴因為職務未

定而不知是否該參與時，盈秀老師以國語課本「兩個和尚取經」的故事，鼓勵夥伴覺得有意義的事就去做，遇到問題再想辦法解決。

如果別人有疑問，盈秀老師期許自己多聽、多理解，然後再分享自己的經驗，並且加以統整，就會找到共識。如帶領語文工作坊時，先聆聽老師在班上實施作文指導的情形，然後再和自己想推動的概念構圖結合，就是達到雙贏效益的成功經驗。

怡君認為教學導師制度，讓初任教師可以名正言順的找教學導師討論。因為盈秀老師會用不同的角度幫忙分析及建議，讓她擁有被陪伴的安心，也找到一股穩定的力量。盈秀老師專業定人心，讓實踐夥伴因為有她，而有濃濃的幸福感。

入班觀課——關懷鼓勵多

攜手相伴薪傳情

　　盈秀老師由於學校與家庭兼顧得宜，加上豐富的休閒生活作調劑，讓她成為一位身心平衡、能量飽滿的小甜甜老師。面對變化多端且極具挑戰的教育環境，如活水般的能量總能讓她坦然面對、歡喜接受、快樂成長。經歷人生無數風景的盈秀老師，最想告訴年輕的夥伴，面對任何事情，當覺得有意義或是覺得該做而能做的事，就要把握機會。因為「機會就像冰淇淋，你不吃就流下來，就不見了。」

　　「機會就像冰淇淋」的想法，讓盈秀老師成為親朋口中興趣多元的「好奇寶寶」。不管跳肚皮舞、拉胡琴、學武術、騎重機還是參與行動研究計畫等等，她都有興趣嘗試，而且是一步一腳印的累積技能和資料。雖然得獎從來不是她最終的目的，但她都帶著陽光正向的心態全力以赴，「無心插柳柳成蔭」，除了讓她個人得獎連連之外，也帶領夥伴教師完成一次次的學習任務，亮麗的學習成果逐步開花結果。

　　怡君娓娓道出一段永難忘懷的經驗。學校運動會是年度重要活動，更是教學成果的展現。怡君一開始以為這份工作很簡單，就用自己的思維模式找舞曲及編舞。但當實際教學時，卻發現效果不如預期。盈秀老師有學舞及編舞的經驗，在夥伴困惑時刻，就提出意見並指導教學祕訣，甚至帶著大家一起跳，真實的跳。這時刻怡君才發現，原來教學要設想很多且真實的去做，才會瞭解到教育現場的實況。這一路幸好有盈秀老師的協助及指導，讓初試啼聲的自己不再慌亂，

而能靜下心將事情做好，順利擔負起編舞的工作，並圓滿達
成任務。當怡君看到小朋友將所編的舞跳出來的時候，就發
現老師說的話都一一應驗了，覺得好佩服！

　　　「以後當別人提出建議的時候，我會告訴自
己要聽進去，因為那都是有一定的道理的。」

薪傳心傳──攜手邁向專業路

愛與榜樣好風範

　　很多夥伴教師都是代理老師，職務及學校的轉換成為無
可避免的變動歷程。隨著夥伴教師的年年更迭，用心用情的
寶文老師說她們好像是代理老師的特訓班長。掛意的是，離
開身邊的徒弟們，是否順遂的走在教育發展路。

　　對於經常一起帶夥伴教師的盈秀老師來說，雖然每年服

務不同的夥伴老師，需要付出很多額外的時間和精力，但盡一己之力幫助他人，進而發現自己的價值，盈秀老師還是覺得這是非常值得的一件事情。況且，教學相長帶來的收穫，讓人跨出教室也打開了眼界。

尤其在每學期的成果發表時，當看到夥伴老師提到，不論是生活的陪伴，還是教學方法、課程規劃或是親師溝通，因為教學導師的陪伴和示範，而不再孤軍奮鬥的心得，句句話語都讓盈秀老師覺得很欣慰，也覺得教學導師的服務是有意義的。

回首來時日，一路跟隨盈秀老師學習的怡君，看到盈秀老師面對教育政策的推陳出新，不但勇於嘗試，更是持續學習與創新，在她身上看到最美的教育風範。而俐安受益良多的是，看到經歷豐富的盈秀老師，仍然虛懷若谷、好學不倦、不恥下問以及和學生保有親密的師生關係。積極熱情的學習態度，更寬容的班級經營，都是俐安跟隨標竿學習後的心得。

教育家福祿貝爾說：「教育之道無他，唯愛與榜樣。」在怡君的心目中，小甜甜老師就是一個榜樣。而俐安感佩的認為，盈秀老師的一小步就是自己的一大步。因為有她的用心帶領及示範，教育生涯的第一哩路，就看到優質教師的風範，也看到自己努力的標竿。

榕樹下的教育春天

　　榕樹是校園裡面隨處可見、也是所有鳥兒願意棲息的地方，更是人們自在乘涼的好所在。因為它的存在，漸漸有了鳥鳴花香，以及人們的聚集靠近。在寶文老師的眼中，盈秀老師就如榕樹般，不喜歡在人群中非常奪目耀眼，可是她在無形中，讓她的夥伴老師願意跟隨她去成就自己及學校。這股平凡中顯現不平凡的精神，深植實踐人的心。

　　一個像榕樹一樣的老師，讓孩子願意親近，讓夥伴願意靠近，讓整個校園四季常春，花朵美麗綻放，蝴蝶翩翩飛舞。她是臉書粉絲專頁的小甜甜，也是充滿energy的super老師，她，就是默默在杏壇吐芬芳的林盈秀老師。榕樹下的春天，因為有她─實踐之「秀」；如同蔣勳在〈花與蝴蝶〉中描述的詩境──

陽光照拂　雨水滋潤　土壤呵護

根和莖和葉子一起努力

才開出一朵美麗的花

但是一看到蝴蝶

花便毫不吝惜

把最好的都給了

因為被寵愛過

才知道接受的要再給出去

才能完全

服務領導魔法石

「快樂學習，熱情生活」

————教育部政務次長林思伶教授

　　因為擁有被幫助過的美好經驗，讓盈秀老師如時雨般熱情助人。

　　因為助人而看到自己存在的價值，讓盈秀老師持續學習展現專業服務。

　　因為體認到「機會就像冰淇淋」，盈秀老師總會即時掌握機會，發光發亮。

　　「快樂學習，熱情生活」的實踐之「秀」，譜寫豐盈的教育人生，也為杏壇彩繪出榕樹下的教育春天。

4

曖曖內含光
久久自芬芳
——東湖國小徐孟志

【訪談／撰稿：高敏麗】

教學輔導教師：徐孟志
學歷：玄奘大學中文研究所碩士
經歷：教學輔導教師、學年主任、領域召集人

　　以「健康、公義、卓越」為學校願景的東湖國小，自
1943年創校時的「內湖國民學校東湖分教場」農村型態迷
你學校，發展為今日的都市型大型學校。追求老校的活化與
創新，是該校持續不輟的目標。

　　翁繩玉校長在任時，體察教師年齡層兩極化，凝聚老中
青年齡層教師的共識、向心力，以及提升教師研究風氣，刻
不容緩。因此，他極力引介推動教學導師制度，透過有經驗
的熱誠教師群牽引新秀夥伴教師，東湖的校園更為和諧，辦
學品質更為穩健踏實；專業的對話，提供給夥伴老師很多的
力量，也活化了教學與創新力。誠如教務何志宏主任所言，
從教學導師的付出中，看到了他們用生命感動生命，用熱情
燃燒出更多的熱情。

溫馨相扶持的東湖教學輔導團隊

捨我其誰的俠客風範

在教學導師團隊中，校長與主任十分讚佩徐孟志老師的專業、敬業與奉獻精神。繩玉校長以「好老師的推手」肯定孟志老師的影響力，志宏主任則推崇孟志老師具備「有情有義」、「捨我其誰」的俠客風範。

臺北市立師範學院語文教育系畢業的徐孟志老師，2004年取得玄奘中文研究所碩士學位，2011年接受教學導師培訓。才德兼備，熱心奉獻，卻行事低調，不求聞達；光芒內斂，以篤實自勉。

志宏主任描述，在學年的互動與校務的推動上，孟志老師有著舉足輕重的影響。教學經驗豐富，班級經營著力極深的孟志老師，洞察學生人格開展的關鍵需求，在任教的班級中，他用心奠定孩子們扎實的學習根基，重視培養思考與表達能力。他也引領學年老師們討論教學，不藏私，樂分享，還經常扮演救火員，主動跳出來關懷、協助其他老師和別班的孩子。當學校需要他協助時，他同樣會挺身而出。孟志老師從不因為自己資深而倚老賣老，是位儒雅的謙謙君子，當遇上學校裡複雜費神的事情時，他常大方地跳出來說：「我來做！」

孟志老師客氣地表示：「能力所及，對別人有些微好處，我都樂意做。」他認為，就算是面臨難題，也是學習和成長的寶貴時機。

靜定深思　溫柔敦厚勉傳薪

　　孟志老師有著資深的導師經歷，也曾經擔任學年主任、國語文領域召集人。2013年起因為投入桌球校隊的指導，而轉任健康與體育的專任教師。

　　接受孟志老師輔導的林芝安老師、曹玳綝老師、郭佳豪老師，都佩服孟志老師心思的細膩。國學根基深的孟志老師，在他們心目中，像個哲學家般，對事理比常人有更精闢的觀點。情緒非常穩定，總是從容、冷靜地，以深入有力的分析，說服與打動他人。他們從孟志老師身上學到——定、靜、安、慮，方能有所得。

　　孟志老師常提醒夥伴老師：「教學，基本上就是一位老師教育思想的呈現。思想，是一個人的根，根扎得夠不夠深，都會影響到你的教學，也會呈現在對孩子的影響上。」

　　從處理學生之間的衝突、告狀，他讓夥伴老師觀摩他如何帶著孩子們「思辨」，正向面對衝突。教師本身切莫陷入情緒化，冷靜地引導分析事件的嚴重程度，想想是否需要透過「告」才能處理，要孩子們放緩心情，深呼吸，回想彼此間有些什麼樣的衝突跟問題，導致挑起激動的情緒。老師是願意聽他說的忠實聽眾，若真的是同學的錯，一定會幫他處理，但是不可疏忽自我反省，若是本身也有錯，也要勇敢承認。

　　芝安老師認為自己受孟志老師影響最深的，是當老師的「態度」和「高度」，包含遇事會「再深入地想想」，這讓自己看得更遠，視野更為寬廣，練習從多角度看問題，也較

能周延掌握學生的狀況。她佩服孟志老師有很強的說服力，總能用對方聽得懂的話，動之以情、說之以理，這也是她對自己的期待，雖不能至，心嚮往之。

孟志老師自我惕勵並勉勵夥伴們，要秉持傳薪的信念，在身教中，讓學生們培養出傳統文化「詩教」中那般溫柔、敦厚、溫潤的情懷。這樣的氛圍，也展現在他們彼此間攜手相伴的情誼，綿延持續，長長久久。

關懷疼惜　牽引感恩與付出

深印腦海的兩段記憶，激勵了孟志老師慨然應允投入教學導師行列。

一段縈繞在心的，是在玉成國小初任教師時的溫馨回憶，當時的孟志老師也是懵懵懂懂，常困惑為什麼別的老師帶得輕鬆愉快，自己再努力卻都不如預期。而當時許多前輩教師的貼心照顧，讓他心存感恩，好比生日時，輔導主任捧著花束入班祝賀，陽光般的和煦笑容，為他灌注幸福的能量；學期初前輩老師到班關懷，主動協助製作教室布置標語卡，讓焦灼的心情在溫暖中舒緩下來。獲益良多的孟志老師，發願日後行有餘力，也要多提攜後輩，要傳承、分享與服務。

有一回，孟志老師正準備參加學校畢業餐會，一位公費實習老師，主動走入教室，迫切表示有許多問題想請教。孟志老師耐心地陪他長談了許久，對談中，深刻感受到，這位準老師雖然優秀，實習期間也有許多的觀摩機會，但是面對

即將分發，獨當一面的教學，其實相當恐慌。可見這般的新手教師仍然需要有經驗的老師持續陪伴，能夠在實務中循序漸進地引領，給予協助。

其實，在東湖國小辦理教學導師制度前，孟志老師便經常主動關心新任老師，實習輔導經驗也很豐富。他會幫助新手教師熟悉學校的人、事與環境，例如：走訪學區，下班後一起參加老師們的聚會，試著接觸不同的帶班風格與教學方法。這些老師，即使調到他校，每年教師節也都會以電話問候，讓孟志老師倍覺溫馨。而擔任教學導師後的他，投入更深，也在培訓與付出的歷程中，揣摩出更多的方法。

在團隊中分享與建言

真誠尊重　消褪不安與青澀

　　芝安老師在東湖國小任教前，多半為短期代課，實習時由碧湖國小的黃美雲老師輔導。美雲老師知道芝安將到東湖國小，特別提到有位她相當敬重的徐孟志老師，她會託他多照顧芝安。報到後，芝安老師驚喜發現，同學年、隔壁班的孟志老師正是學校為她安排的教學導師。她形容自己是位得天獨厚的新手老師，因為隨時能夠就近光明正大的請益，比較不會不好意思。面對陌生的校園及班級導師初體驗，有了教學導師，逐漸放下焦慮，心情愈來愈篤定。一年的深入互動學習，她獲得了扎實的成長，在續任六年級導師時，帶班勝任愉快，從容有自信。

　　目前擔任東湖國小生教組長的佳豪老師，實習時由孟志老師輔導。在實習結束的時候，孟志老師帶著小朋友們給佳豪老師滿滿的祝福，並鼓勵他完成自己的目標，這讓他感動於心。所以念完研究所，服完兵役後，他決定回到東湖國小。他以優秀的表現，通過教師甄試，回到東湖國小任教。謹記孟志老師勉勵的「多做多得」，接下行政工作的挑戰，做事總是認真投入，細心規劃。

孟志與佳豪 —— 承傳教育心　永繫師徒情

雖然學校爲他安排了新的教學導師，孟志老師仍是他持續請益、學習的典範，也因他而喜歡當老師，喜歡跟小朋友接觸。

目前在湖田國小任教的曹玳綝老師，是東湖國小校友。回母校實習時，幸運的跟隨孟志老師，扎穩了教學與輔導的根基，深植正向的教學信念，至今孟志老師也不厭其煩的提供跨校的教學輔導服務。

受孟志老師的影響，三位老師都以行動實踐校園倫理，也都是同仁們所讚譽年輕、有創意、有活力，謙誠有禮，文質彬彬的青年才俊。

傾聽同理　奠定溝通基石

芝安老師描述孟志老師的關心跟問候是不限時段的，自自然然，讓人感覺窩心、安心，油然而生信任與幸福感，奠定了溝通的基石。她可以自在、眞實表達自己的想法、心情；在對話的過程中，很容易覺察問題，瞭解應該怎麼做。

傾聽，是打開人心的最快途徑。耐心傾聽的孟志老師，常讓對方在心裡驚呼：「你眞懂我！」

當芝安很累，提不起勁的時候，孟志老師會適時關心打氣，安慰她帶班又要準備讀書，相當不容易，信心十足地鼓勵她絕對挺得過，還不忘肯定芝安老師班上小朋友的進步表現，如同爲她打了一劑強心針。

芝安老師覺得孟志老師自己帶班級已經夠辛苦了，卻仍能神奇的多出一雙眼睛關心她的班級，還給個定心的回饋，

真的是她精神上的加油站。

　　孟志老師客氣的表示自己能夠產生什麼影響，不是考慮的重點，能夠確定的就是——竭盡所能，陪伴並加油打氣，分享自己認為可行的，比較好一點方式。

> 「我樂意陪伴，陪伴最重要！聆聽夥伴老師的問題、想法，傾聽夥伴老師的心聲，在陪伴中，相互瞭解。如果夥伴老師的問題可以得到某種程度的解決，就是『教學導師』服務的意義所在。」

　　孟志老師重視給予夥伴老師自主學習的空間，他也嘗試在學校安排的共同討論的時段外，尋求以各種輕鬆的方式，和夥伴老師多聊聊，班級的問題、教學的問題、教學的想法，甚至於個人的成長背景、未來規劃……，無所不談。

定心的回饋　溫暖的支持

　　他輔導的範疇還曾經包括過情感輔導，他認為心情影響教學。曾有位夥伴老師遇到感情問題，主動跟孟志老師談，孟志老師誠懇地提供自己的看法給他參考。開心的是，後來那位老師如願的與心上人結婚了，並邀請孟志老師當證婚人，可說是教學輔導衍生的一樁樂事。

認真盡己　享受教學風景

　　芝安、佳豪、玳綝老師心目中的孟志老師，「望之儼然，即之也溫」。孩子們在課堂上認真學習，下課時卻總是圍在孟志老師身旁，有說有笑。佳豪特別強調，這和自己小時候對老師有距離的敬畏，迥然不同。他們從孟志老師身上學到，課堂中要有原則地要求學習態度，下課時莫忘與孩子們同在一起。

　　孟志老師經常勉勵夥伴老師不要怕做錯或做不好，從行動中，發現問題，尋求改善、提升，才是最寶貴的正向力量，才是更應努力的。孩子是未成熟的個體，面對孩子的種種問題，放下情緒、焦慮，嘗試多角度地蒐集孩子身心或環境上的訊息，往往可以找到適合著力的點。

　　他還語重心長地指出：「『方向正確』是首務，『盡己』是原則。」孟志老師勉勵他們盡力去做，儘量想深一點、想細一點，盡可能周延思考事情的流程、面向、作法，把它做到最好。認真投入，細心規劃，練出來的能力，一輩子帶著走。

　　誠如法國作家馬塞爾‧普魯斯特（Marcel Proust）所

言：「發現的旅程，並不是在於造訪新的國度，而是要用心的眼睛去看現實。」對芝安老師、玳綝老師、佳豪老師而言，孟志老師的勉勵與指導下，他們培養出面對教學、輔導的覺察、行動與省思能力，在專注、用心投入中，不斷地發現與享受美麗精采的教學風景，這也是影響一生的寶貴禮物。

從容等待　掌握改變契機

　　輔導的歷程中，孟志老師鼓勵夥伴老師放手去做，他從未要求非得如何，而是在自主學習中，給予更大的空間。而他，細膩觀察，深思如何在關鍵處切入提點，讓夥伴老師們無憂無懼，保有真心愛孩子的熱誠，並能感受學生的狀況與需求。

　　同理年輕老師的心境，孟志老師瞭解他們內心的膠著，其實來自於熱情和理想，擔心自己不夠好，常會急切了些。他著力協助他們尋找安定情緒的力量，再三提醒：把節奏放緩，把時間拉長，孩子的成長，些微改善，都該感到安慰。努力絕對不會白費，教育必須堅持「永不放棄」。

　　玳綝老師曾經困擾著有關特殊學生的輔導。她從孟志老師這兒學到──秉持「平常心」，自然對待；去除「分別心」，真誠關懷。不要讓大石頭壓在心上，要求自己非得改造學生不可，該做的是──盡力瞭解孩子；站在兒童的角度上，盡所能理解心理狀態，和行為背後的種種可能因素。反覆思考探求方法，持續關心，總會有柳暗花明時的欣喜，看

到改變的契機。

　　遵循著去體會、摸索、發現，玟綝老師看見學生學得更好，自己教得順手時，愈來愈歡喜。學生的改變是最大回饋，也消弭了焦慮與擔憂。

　　芝安也表示，當她為教學或學生輔導苦惱時，孟志老師總是先同理她的狀況跟心情，耐心傾聽，再以「這很正常」來安慰她不用太擔憂。她牢記著：「先安撫好自己的心或是學生的心，找出解決辦法，就不會侷限在原地。」

　　受訪的夥伴老師，不約而同地提出，受孟志老師影響最深的是態度的養成、思維的開啟，敏銳的教學覺察力，以及遇到困境時省思、探索的解決問題能力。

細觀課與深對話

激勵夥伴放手做

看見需求　全力相挺

孟志老師說得好：「失敗的經驗，也許讓我們更接近了成功一步！」幾位老師銘印在心。

在芝安老師之後，孟志老師花了較多的時間陪伴同學年一位教師好友。當時這位教師親師關係緊張，教務處居中協調，家長仍然情緒激動。這位老師，主動的找孟志老師談，請孟志老師陪他出席與家長的會談。孟志老師安慰：「只要你有需要，教務處也同意，我義不容辭。」

會談中，孟志老師覺察到家長不滿的情緒，主要是針對成績處理問題，而正向、良好的親師溝通，則是關鍵作為。

日後，他持續陪伴這位老師談心，分享教學經驗。他們成了無話不談的好夥伴，從班級的經營，教學的討論，到師生相處、親師溝通、成績處理，多面向的深入對話。光是陪伴、傾聽，仍不夠，孟志老師進而深思解決問題的良方。

當他無意間聽說這位老師告訴家長：「徐老師就是我的輔導老師。」孟志老師暗自期勉繼續扮演好橋梁的角色，兼顧親師生的需求、尊嚴與感受，盡所能協助。

親師互信關係的提升，是關鍵首務。因此，孟志老師嘗試跟這位家長聯繫，為了讓家長放心，他總是耐心的對話，必要時，還暫緩處理手邊要事。家長提出的問題，他會思索如何澄清、溝通，找出能協助的環節，同時也適時傳達班級導師對學生的關切，為學生所做的努力。

之後，他和班導師討論，針對家長提出的問題，逐一省思，探索怎樣真正的關心學生，並且讓孩子們能感受得到。

　　他建議多跟學生聊聊天，不拘主題，善用下課時間與孩子們輕鬆互動，從中發現學生間的問題，適時切入處理。孟志老師帶著好友體會，當以「深情」奠定師生關係時，學生聽得進老師的話，學習不但提升，班級氣氛也會改變，紀律不再是頭痛的問題。孩子的問題解決，家長的焦慮也停息了。

　　至於家長在意的「成績公平處理」問題，孟志老師則一同檢視、分析登記成績的簿冊，討論評分項目中，哪些是合理成立的，哪些比較不合適，原因何在，如何調整，包含評分配置比例的合宜拿捏。具體深入的討論，讓老師覺察到自己該如何適切地調整。

　　目前這位好友帶班得心應手，教學愉快，孟志老師心中也盈滿歡喜。

攜手同心探專業　成人成己心歡喜

仰望星空　希望永在

> 我好想在那繁星之中
> 正有一顆，
> 來指引我的一生，
> 走過不可知的黑暗。

—— 印度·泰戈爾《漂鳥集》

　　充分的運用時間，或許讓忙碌的教學工作填得更滿，但是徐孟志老師一路行來，滿懷歡喜，很開心能見到學年好友，從教學困境中提升，也欣慰於所帶的夥伴老師們，年輕有活力，有熱忱，不計較。他認為：教學導師制度最寶貴的是在攜手成長中，彼此相互關懷，有更多的對談；能夠在對話的歷程裡，彼此都比原來擁有得更多。在陪伴中為夥伴們服務，自己也從中深掘出教學的力量。

　　孟志老師告訴自己，努力過後，帶著微笑，靜靜的在一旁欣賞，揮一揮衣袖，灑脫地淡出、放下。如果要留下一點什麼東西，希望能在心中能留下一絲溫暖與滿足。

　　在孟志老師真誠的陪伴，溫煦而堅定的引領中，我們看到了光芒無需耀眼，蘊藏的生命力與熱情，自會迸發蓬勃的鼓舞力量。我願，我盡力中，我們預見——夢想，持續上演！

服務領導魔法石

　　服務領導之美，美在發自內心的愛與成人之美；美在領導者以謙沖自抑的人格展現其堅實的才能；也美在成就他人時，也成就自己的無私；更美在弱水般而不著痕跡的溫和，卻又能完成組織目標的強力；服務領導者因注重平衡，而成就校園中的領導美學。

　　　　　　　　── 林思伶〈校園經營的領導美學
　　　　　　　　　　　　── 僕人／服務領導〉

　　教學導師，是成己成人的志業。徐孟志老師展現服務領導之美，以信任與分享，協助夥伴教師放下焦慮、沮喪，勇敢走出生澀與挫折，在嘗試、探索中，磨練增長專業。相信未來面對更多的學生、家長時，這些老師能擁有他應該展現的專業態度、作為與教學智慧。

　　「你需要，我就在！」期待校園裡有更多像孟志老師般溫潤如玉的謙謙君子，蔚成時雨春風，正向支持同儕夥伴，啟發希望與理想，激勵熱情和使命感，攜手樂享教學，實踐教育的美好願景。

5

服務是幸福
付出是成長
——國語實小王秋香

【訪談：張德銳／撰稿：何嘉惠】

教學輔導教師：王秋香
學歷：國立臺南師院學士後師資班
經歷：教學輔導教師、衛生組長、學年主任、研究教師、領域召集人

臺北市國語實驗國民小學從2002年起擔任辦理「教學輔導教師方案」的總召學校，除了統籌規劃教學輔導教師方案的成果發表等各項行政事務外，亦選薦培訓多位優質的教學輔導教師。在國語實小裡，有位在課程教學、學生輔導、親師溝通等各方面皆備受肯定的領頭羊，多年來如溫暖的冬陽，在學校裡默默服務，無私傳承，這就是本文所採訪的王秋香老師。

秋香老師從事教職23年，其間長達20年的時間是擔任導師職務，憑著「凡事盡力不設限」、「做中學」的衝勁，積極任事。除了常應允演示教學觀摩、兼任研究教師、綜合領域召集人，也在完成臺北市教學輔導教師培訓後，以各種方式協助夥伴教師成長。

秋香老師回想自己初到實小時，曾規劃一個參觀國立中央歷史博物館畫展的校外教學課程，當時完全不熟識的創意組麗珍老師，不但熱心的答應幫忙導覽，還與她一起帶學生前往參觀。此外，在實小裡，每位新進老師都需辦理教學觀摩，秋香老師就是在彭蓉蓉老師的熱情指導下，和阮靜雯老師共同搭配，進行一系列「詩詞」的教學，順利完成新進老師的第一次語文觀摩教學。當年同仁適時主動關心協助秋香老師，讓她感受到溫暖，也開了一扇扇合作的窗。從陌生到被擁抱的記憶，多年來仍如此清晰，秋香老師娓娓道出，當一個人需要幫助時，有人願意伸出援手，那種溫馨的感覺，是永生難忘的。

承先啓後的教育之路，秋香老師深受其惠，也希望把這份溫暖傳遞下去，在嚴謹的校內教學輔導教師遴薦制度中，

秋香老師年資一符合，便獲得同事一致認可，代表學校參加
培訓課程。有豐富帶班資歷的秋香老師，擔任教學輔導教師
可謂實至名歸，再合適不過了。

盡責　在團隊中成就他人

　　熟識秋香老師已10多年的吳美金主任提及秋香老師的
敬業態度，讚不絕口。她提到，舉凡秋香老師參與合作的團
隊，不論是行動研究、教學觀摩或課程研發專案，總是能夠
使命必達。而秋香老師是如何兼顧效率與品質？她的祕訣就
是「團隊合作」，她認為一個人單打獨鬥的力量很薄弱，但
如果能善用資源，讓夥伴老師、學群或領域共同努力，就能
成就許多事。

參與舞文弄墨 —— 書法教學研究團隊

　　秋香老師擔任綜合領域召集人時，帶領綜合領域教師發展國際教育、生命教育、品德教育等特色課程。此外還配合學校政策，積極鼓勵教師夥伴以學習共同體的方式，實施以四個人為一組的交互觀課模式，從持續觀課前會談——入班觀課——觀課後回饋的過程中，累積滿滿的收穫。秋香老師舉例說，同學年的玉青老師自己設計一個小達人溝通的課程，在教學前會談時，夥伴們就能學到這個課程的新概念；觀課時，對於教學有反省、有啟發；在回饋會談時，透過整理與思考，產生了連結與活化。這樣的歷程完整走過後，對團隊裡的每個人而言，全部都是收穫。

　　在團隊中，秋香老師努力扮演她應有的角色，負責任、有效率，重要的是她能條理分明地把時間流程切分清楚，適時提醒下一個工作進程，讓每個人依進度按部就班完成。而團隊合作的每次會議，秋香總是以身作則，事先瞭解細節，規劃初步方向，再藉由討論讓大家凝聚共識。總是把最瑣碎、最費神的工作攬下而從不推辭工作的秋香老師，慢慢地影響夥伴，讓彼此願意付出，愈做愈開心。

分享　開朗無私樂傳承

　　笑容總是掛在臉上的秋香老師，個性開朗，樂於分享。學校同事總喜歡聽她聊班級發生的事件，每個事件的前因後果經她串起來，都成了美麗動人的故事。而故事最吸引人的往往是師生對話的片段，美金主任提到秋香老師常以幽默且輕鬆的方式和孩子談話，透過對話讓孩子瞭解自己應該

怎麼面對問題，無形中學會各種道理，避免學生覺得被看
輕、被放棄、被貶抑的心理衝突。這種不生氣的智慧讓同事
由衷佩服，身爲老師，原來可以有這麼多不同的角度看待學
生的問題。

　　正因爲秋香老師本身就是一個班級經營的百寶箱，學校
辦理新進教師座談會，常邀請秋香當講座，直接和新進老師
或實習老師面對面分享。此外，有經驗的老師在班級經營中
遇到較爲棘手的問題時，學校主任也會建議這位老師私下跟
秋香聊聊，激發不同的觀點。秋香老師總是願意無私的張開
雙臂，協助同仁解決各種問題與焦慮，這是因爲她明瞭，無
助時有一雙關懷的手支持著是多麼重要。

賞識　因材施教最適切

　　教育是愛的志業，秋香老師提到自己的觀念是，孩子
做得很棒的部分，一定大大鼓勵；但是做得不好的地方，身
爲老師，不只要指正出來，還要教導。因此，秋香老師愛學
生的方式，就是瞭解學生，把每個學生當成最獨特的存在，
看到孩子的特質、背後的需求，讓學生感覺到自己是被關懷
的，再因材施教，提供最適合他的方式。

　　在秋香老師的班級裡，由於她用心對待每一個小朋
友，孩子能感受到老師的眞心關懷、無私的付出，她以平實
的日常對話凝聚學生、家長的心，對於學生的教導自然而然
潛移默化。

課堂教學與學生互動氣氛佳

　　把每一個學生當成獨一無二的個體，盡力帶好每一位孩子的秋香老師，對於與夥伴老師或實習老師互動，亦是秉持相同的態度。曾經跟著秋香老師實習的林思嘉老師，雖已轉至他校服務，談到秋香老師，除了感恩秋香老師對於她踏上教職之路的啓蒙，亦難忘秋香老師對她亦師亦友，如同家人般的瞭解與用心。秋香老師常利用時間跟思嘉分享，之前輔導過的夥伴或實習老師有什麼值得學習之處，鼓勵思嘉學習別人的優點，觀課之後會在思嘉的回饋表上明確列出她表現極佳之處，同時亦會細心提醒思嘉需要改進的部分。

　　教職原本只是思嘉老師在生涯規劃中多一條預備的路。跟著秋香老師實習後，開闊了思嘉老師的教育視野，也顛覆她對教育的看法。她看到秋香老師對每個孩子的用心，總是找出學生的優勢和劣勢，以最適合的方式幫助每個孩子個別成長。不只孩子愛上學，思嘉每天也很開心到校上課實習，她和秋香老師互動如家人般親密，日復一日，漸漸覺得當老師是很棒的事，發自內心想以老師爲職志。

服務　眞誠關懷攜手行

　　秋香老師取得教學導師資格後，心懷感恩，不忘使命，只要行政需要支援，她就熱血地挺身而出。多年來，除了帶領多位實習老師，亦服務過初任教師、新進老師與重回教學崗位的老師。面對這麼多元身分的不同夥伴，秋香老師不但不覺得困擾，還發揮正向思考，一點也不居功地說，其實擔任教學導師是陪夥伴走一段路，讓他在這段路程中走得更順暢。

　　對於實習老師或夥伴老師的教學，秋香老師認為教育現場變化無窮，因此在教學實務上，她重視主動學習，鼓勵夥伴先思考、掌握重點及教學目標，藉由討論來引導澄清，對於夥伴的想法，她從不直接否定或修正，這種充分尊重的態度與動態靈活的經驗分享，讓夥伴受用無窮。

　　思嘉老師回憶有一次，為了讓四年級的學生更瞭解社會習俗，主動找了神豬的影片作為補充教材。秋香老師很認同，因為都市裡的學生從沒這樣的經驗，覺得神豬很酷，透過影片觀看可以擴展學生生活經驗。不過秋香老師提醒，有些地區的習俗會在祭典完馬上切神豬的豬肉，以中年級的學生心智發展來說，這樣的片段可能還不適合觀看，建議她跳過這段血腥的畫面。

　　除了實習教師，秋香老師亦會因著服務對象性質不同，適時調整協助的方向。服務的對象若是重回教學崗位的夥伴，因為脫離職場一、兩年，難免生疏，可能會與現在學校推動的校務方向或政策有點脫節，秋香老師首要著力之

處，就是讓夥伴更快瞭解學校目前的文化。若是與初任教師互動，秋香老師認為，能進入實小擔任教職的初任教師，多有一定的專業實力與學理背景，但需要實務上的琢磨，因此她透過聊天，先瞭解其經驗的起始點，再把重點放在課程及教學上，邀請夥伴進班觀課，實際示範，發揮楷模學習的功效。而對於換新環境而調到實小的老師，多數會對學校有陌生、膽怯感，首先要讓夥伴感覺到有人關懷，帶領他認識各行政處室及學校同仁，跨出人際網絡的第一步，往後在大家的支持下，步伐就會比較穩健。聽秋香老師細數不同夥伴的需求，以及她多元方式的帶領重點，如此費心，著實令人感佩。

觀課後的討論與回饋

示範　楷模學習展成效

　　國語實小在課程及教學具有標竿地位，因為是實驗小學，校內教師通常要承擔參訪交流、教學研究或教學觀摩。秋香老師深知新手教師的教學策略需經無數次的練習才能掌握訣竅，漸趨穩定。所以她每次觀課後，總會有二、三張紙滿滿的回饋給夥伴老師；對於夥伴在課堂上與學生的互動、對談、提問等策略運用的時機點，都詳實記錄且非常具體。

　　秋香老師與夥伴分享時，最重視示範，她常說：「我講一遍給你聽。」或「我上一次課給你看。」面對夥伴的疑慮與未能明確掌握之處，她彷彿能提供源源不絕的能量和具體清晰的示範。例如：指導學生如何在國語課文中提取大意，或是與學生互動提問，讓夥伴在觀課中心領神會。

　　以國語課的討論、提問及請學生回答問題的技巧為例，很多老師常是看到哪位學生舉手，就直接點這位學生回答；但以教學的目標而言，如果最後要提取重點概念，那麼全班討論最重要的就是，透過不斷的追問不同學生，讓孩子循序漸進的表達，且在持續討論過程中澄清觀念、凝聚共識。

　　秋香老師十分重視提問討論，她常跟夥伴分享如何視學生程度，有技巧的點請學生回答，她導引學生討論的教學策略，帶給思嘉老師許多的啟發。例如：一開始先請中等程度或中下程度的孩子回答，依序再請程度較佳的學生回答，透過重複問答方式能將主題聚焦，幫助學生統整問題，訓練小朋友邏輯思考的能力。除了示範，秋香老師在課堂上充分

示範提問策略引導學生討論

給予思嘉老師練習提問教學的機會，在一次一次的重複練習中，強化思嘉提問教學技巧的熟悉度及精準度。

寬恕治癒 蛻變精進無盡恩

每個出現在我們生命中的人，都可能成為彼此的貴人。曾經帶領的實習教師陽光老師（化名）就讓秋香老師印象深刻，他從原本常令人提心吊膽的表現、不知會做出什麼事情的大孩子，在半年內脫胎換骨，蛻變為可以獨當一面的老師。

談及陽光老師，秋香老師眼中滿是笑意，指出他很負責又有時間概念，每天都很早到校，而且一大早就認真指導學生進行外掃區工作。不過，他雖然是準老師的身分了，仍像個大男孩，非常孩子氣。秋香老師觀察到他常會出現一些令

人啼笑皆非的舉動，例如：他曾在行政實習報告上，寫「我今天參加學校的研習，完全沒有收穫，除了那個便當。」秋香老師幽默回應他：「你有吃便當是不錯，可是你應該談談，你透過這個學習，發現學校做了一些什麼事情，怎麼進行。」此外，陽光老師第一次給秋香老師實習心得中，居然出現「今天我上臺上課的時候，後面的那個老師用惡狠狠的眼光看我。」的話語，用以形容秋香老師觀課時犀利又睿智的眼神，秋香老師看了又好氣，又好笑。

　　陽光老師用語孩子氣，和學生相處非常和樂，行為表現也和學生一樣，下課會跟學生玩踩腳遊戲，有時學生還會來跟秋香告狀。印象中最有趣的一次是，秋香老師為了感謝他協助製作班級網頁，邀請他一起用餐，並在用餐中聊對他的期許：「你當實習老師，自己要像一個老師，不要和女生抓頭髮，沒有一個樣子。」吃完飯回家後，陽光老師馬上在班級網頁的重要事件打上：「今天這是鴻門宴，王老師說我怎樣……」秋香老師立刻打電話請他刪掉。「老師你怎麼知道？我才打上網頁一會兒？」秋香老師妙答：「我隨時都在注意你的行動。」

　　雖然陽光老師的舉動或言語常讓秋香老師哭笑不得，甚至曾讓她氣到三天不跟他說話，然而每個夥伴的出現，都是一種緣分。秋香老師能看到陽光老師守時、認真、負責、聰明的一面，除了接納，亦能幽默以對，積極協助他成為能讓家長學生信服的老師。秋香老師回憶陽光老師實習最後一天的情景，依然歷歷在目，充滿感動與欣慰。她說實習最後一天其實沒有特別的事了，雖叮嚀陽光老師可以提早離開，但

他還是堅持留在教室，一直到放學鐘響，像平常一樣與秋香老師一起整理教室，一起關門窗。「離開前，他在穿堂對我九十度鞠躬，我很感動，那種感覺很棒，一個大男生，九十度的鞠躬，我都快哭了。」

陽光老師九十度的鞠躬，是日積月累的感謝，不擅表達的大男孩，用最簡單、最真誠的方式，表現他的感謝和敬意。目前在南臺灣從事教職的陽光老師，仍會不定期跟秋香老師聯絡。秋香說，陽光老師到南部當老師，第一次透過網路，看到他教室的黑板，寫的方式跟自己在實小呈現的方式很像，又是一種感動。因為實小的老師，板書的呈現，不論是位置排列或書寫內容，都隱含有教學意義。雖只是陪伴一程，但看到夥伴的成長與改變，秋香老師特別有感觸，身為人師，全心全意的投入，要的不多，光是九十度鞠躬這麼單純的舉動，就足以永生難忘。

互相支持的教學輔導教師團隊夥伴

同理說服　眞誠溝通有效果

　　面對教學的種種問題，親師溝通往往是老師最擔心面對，也最沒有把握的。就學生的問題與家長有效且精準的表達溝通，亦是秋香老師的強項。她分享方法無他，說實話很傷人，但家長其實不是不瞭解自己的小孩，只是沒有辦法接受老師對孩子的表現直接用評論的話語。秋香老師做的，就是用愛心在實話中加點溫馨的調味料——換句話說。

　　當夥伴老師在親師溝通的問題上求援時，秋香老師會直接示範一遍該如何說。以談論學生數學理解能力而言，若要跟家長溝通，可以用中肯的事實描述，與家長釐清問題，例如：數學部分，可以先觀察學生是否因爲不夠熟練或是粗心而運算錯誤；在應用題的解題過程中，學生是否有細心且耐心的將題目完整看完。在語文能力部分，如果學生語文能力不佳，亦可以分成讀寫二個方向來與家長討論，例如：學生在作文課時，是否非常用心在寫，但卻寫不出來？或者是看讀文章及書籍很有興趣，但請孩子寫心得時，就沒辦法完成。秋香老師透過實際的示範，減少對學生數學障礙、閱讀障礙等診斷性的用語，以觀察學生的行爲表現跟家長溝通，發自內心關懷學生的學習面向，中肯的表達，與家長共同釐清學生學習的關鍵問題，容易獲得家長的認同與配合。

點亮心燈　豐盈人生福自得

　　海倫凱勒期勉大家：「把手上的燈提高一點，就可以照亮更多的人。」要點亮別人心裡的那盞燈，不單是靠能力，關鍵點是願意付出的使命。有心就有願，有願就有力，秋香老師謙虛的說：「服務別人是點亮自己的燈。」每當服務夥伴時，看到他人成長，內心其實很快樂也很歡喜，從自己心裡傳遞出去的溫暖，會再傳遞回來，回饋的歷程中，她發現自己好有用處，能量滿盈，因此也加倍開心。

　　秋香老師在教育路上，默默點燈，持續付出，每一刻與學生相處的經驗彌足珍貴，每一段與夥伴老師的互動備覺溫馨，服務是幸福，付出是成長，無時無刻豐盈自己的人生。

搭起橋，傳遞教育愛

服務領導魔法石

領導的關鍵並不在於領袖魅力，而是使命！

—— Peter Drucker

　　秋香老師營造的學校生活，讓學生如回家般自在；秋香老師的投入，讓夥伴感到放心且溫暖，讓家長同事總是豎起大拇指極力肯定。她，一路走來始終如一；她，不求世俗眼界的光環，而是一心一意專注在她的教學、她的班級、她的任務以及她服務的夥伴身上。帶著樂觀正向的眼光，專業的輔導與對談，尊重每個人的價值，陪伴每個孩子及夥伴寫出生命的精采故事。

　　作為教學輔導教師，就是為同儕搭起專業成長的支持鷹架，期許更多志同道合的教育夥伴，如同秋香老師一樣，抱持喜樂的心，把燈點起，並且點在他人的心坎裡。

6

創新源自無私分享
謙卑所以成就他人
——雙園國小陳泳惠

【訪談／撰稿：何嘉惠】

教學輔導教師：陳泳惠

學歷：國立東華大學臺灣文化研究所

經歷：教學輔導教師、研究組長、設備組
　　　長、輔導組長、資訊組長、教師會會
　　　長、社會領域輔導員、人權輔導團輔
　　　導員

　　臺北市萬華區的雙園國小自93學年度試辦教學輔導教師方案迄今，依教學導師及夥伴教師之需求，將教學輔導制度完整納入學校行政體系內，協助初任教師、新進教師發展專業知能，使其順利適應新的教學工作與環境，傳承寶貴的教學經驗及團體優質文化，以提升學校整體教師專業的形象。

　　本文介紹的陳泳惠老師，投入課程與教學實務至為用心，對學生、家長、學校同仁、新進老師，甚至是校外的夥伴，亦樂意回饋所學，在教育路上，從一位持續接受教育滋養的新手，蛻變成為具有能力澆灌他人的教育園丁，深受肯定。

身心平衡　逐夢踏實

　　泳惠老師是雙園國小新生代的主力推手之一，民國89年教學迄今，在雙園國小累積10多年的教學資歷，曾任級任導師、研究組長、設備組長、輔導組長、資訊組長、科任教師，還兼任教師會會長。除了校內的專業投入外，泳惠老師還參與許多校外的成長團體，包括社會領域輔導團、教科書編輯小組、人權輔導團、教師專業發展評鑑初階與進階研習講師等。

　　她期許自己「做什麼，像什麼」，因此不論擔任或兼任任何職務，泳惠老師總秉持盡力而為的態度，力求做到最好。有深耕、有著力、有變化、有跨界，在教育專業領域中展現的高度彈性及積極性令人驚豔，時間管理的超高效率也令人敬佩。

進行公開課提供校內外教師專業對話的機會

　　泳惠老師正向積極看待自己在校內、校外專業團體社群裡的多元角色，她鮮少抱怨，心裡想的是，只要在能力範圍內把自己應做的事完成，就是一種成就，這種成就感讓她樂意做更多的服務工作。她表示在不同的場域工作之間，其實可以互相汲取不同的能量，只要順流去轉，就不會覺得累。這是她巧妙平衡情緒、心理與實務要求的能力，因而她總是充滿歡喜，看見各種任務的美好，從中體驗學習、參與的價值，轉化為自我省思的收穫，在積極中擁有心定的踏實。

　　雙園國小的教學輔導團隊多年來一直是學校內穩定的中堅力量，泳惠老師看到前輩老師的投入，帶來互動、傳承的氛圍，讓學校文化更趨正向。指出自己也是因為有機會能從前輩的教學經驗中汲取養分，才能逐漸建立自信。走過的路、經驗的累積，構築了泳惠老師投入教學導師職志的信

念,她心中理想的教育圖像是同僑間有機會可以坐下來對談,彼此互信,在互動中分享與成長。

符合資格且通過學校的遴選後,泳惠老師以正向的態度面對參加教學導師培訓課程一連串嚴謹的要求及實作挑戰,珍視自己走過的每個歷程,記錄個人在課程中的成長點滴,更積極以行動發揮同僑影響力。至今已取得教學導師證書三年的泳惠老師,三年來不間斷地每年都帶領一位夥伴老師。三位夥伴老師在校擔任的職務不同,異質性頗大,但緣份的巧妙安排,讓泳惠與三位夥伴老師,碰撞出更多的教學能量與正向的循環。

謙虛細膩　有妳真好

泳惠老師的第三位夥伴老師——呂佩緹老師,在他校曾經參與過教學導師制度,也很肯定這個互惠的制度帶給自己的踏實感,初到雙園即樂意的主動參加教學輔導制度。巧合的是,在暑假移交教室的過程中,剛好接用泳惠老師原有的教室,言談中,感受到泳惠老師的平易近人與熱忱,知道她具

攜手成長的夥伴——佩緹老師

有教學導師資格時，即向學校請求與泳惠老師配對成為夥伴。

由於職務不同，泳惠老師的教室與佩緹班級的位置相隔甚遠，佩緹常因班級事務繁瑣離不開教室，泳惠老師除了透過教室分機、電子郵件或簡訊聯繫，也常常主動到佩緹的教室走動，關懷她初接班級是否有任何需要協助的問題，這種貼心與關照，讓佩緹覺得很溫暖。

學期初的班親會，擔任科任的泳惠老師，在親師晤談時段中是可以在班級間走動，適時入班回應家長問題。由於行動較為自由，體貼的想到主動進佩緹班級拍照，為她在雙園的第一次班親會留下紀錄，沒有任何資深老師的架子，願意挽起袖子動手做，使佩緹對她更加佩服與信任。泳惠老師在言談中屢屢強調服務他人時更應謙虛，以身段柔軟贏得他人的信任，對照其想法與實際作為，真的是言行一致。

細膩的泳惠老師，對於協助夥伴老師更順利融入新環境，在適應過程中感受支持的力量，有她獨到的方式。面對已有教學經驗，但初到學校的新進老師，她先假設自己初到學校時，對人、對事、對學校、學區特色哪些部分會覺得好奇，再扮演分享者的角色，跟夥伴老師分享交流。

首先，她讓夥伴充分瞭解學校的學生特性，好以適切的心態來面對。學區的孩子雖然相對比較弱勢，但心性單純，很需要老師多一分關愛，家長也非常認同支持學校。從內湖區轉到雙園，關注孩子學習成就的佩緹老師認為，因為有泳惠老師事先對學生學習狀況的提醒，讓她心理多了一些準備，在面對孩子表現不如預期時，反倒不會那麼的失落跟生

氣，而能以貼近孩子的角度來經營班級。

　　佩緹老師分享她自己本身已有幾年的教學年資，基礎的班級經營其實可以依據舊經驗處理，但初到雙園國小，面對新的學校環境，難免擔心文化差異，是否有哪些細節需要顧慮？跟家長的互動措辭應直接還是婉轉？家長適合面對面溝通還是電訪？泳惠老師對這些工作任務的細節，都以經驗分享及聊天的方式細膩引導，讓她能自在地向泳惠老師請教，與學校的接軌也更及時。

　　此外，凡事按部就班、規劃能力強的泳惠老師，對於前置作業比較多的班親會、運動會、園遊會等重要活動，會配合學校的行事曆，切割管理時間進程，適時提醒夥伴。例如：主動詢問是否開始準備，準備過程中有沒有什麼問題或需要協助的地方，運動會練習的狀況……。透過溫暖的問候與輕鬆的聊天方式來表達關切，也引導夥伴掌握重點方向。

參與夥伴教師課堂教學活動

率先投入　擴大影響力

心胸開闊的泳惠老師，活躍於校內外不同的專業團體，用心投入與付出，深受同儕肯定，兼任教師會長的她，用柔軟的身段、謙虛的態度，跟每一個師長請益交流，關注整體教師權益與需求，不強調與學校對立，而是著力於如何使學校更好，使親師生共好。

佩緹老師提到，在她與泳惠老師互動中，謙虛的泳惠老師從來都不說自己有多厲害，也不提自己得過的獎項，但在教師會主導辦理，全體同仁參加的「忘年會」重要活動中，她觀察到泳惠老師凡事從要求自己開始，以實際作為拋磚引玉，來營造大家共同投入的氣氛，並且試圖凝聚共識。

不同以往，泳惠老師發下調查表，讓每個老師有機會表達自己喜歡的忘年會辦理型式，再依民意進行細部規劃。當天除了溫馨的布置、精緻的餐點、精采創意的流程外，泳惠老師還發揮專長，親自拿起主持棒，從頭到尾幽默且輕鬆的與同仁互動，營造愉快的用餐感覺，倍受肯定。這些作為看在夥伴佩緹的眼裡，滿是驚豔，她覺得泳惠老師的領導特質很特別，不是常人所以為的強勢領導，竟是能以平易近人的身段，就發揮影響力，帶動團隊的向心氛圍。

再以雙園國小重視的閱讀推廣為例，家長會及學校設置有書香學位認證、經典語文閱讀等閱讀的制度與獎勵。泳惠老師除了大力宣傳學校閱讀制度與獎勵的細節，讓夥伴瞭解如何藉由獎勵來激發學生及班級的閱讀風氣，也以自己帶班的經驗，跟夥伴分享推動班級閱讀的策略，如何推動閱讀、

如何鼓勵孩子看書，或協助學生選書。佩緹老師談到在推動閱讀這個部分，泳惠樹立了一個典範，她以其作法爲榜樣，設定標準與檢核，激勵自己逐步落實，從學期初開始就確立方向，班級的學生也有足夠的時間在學期中努力累積閱讀質量，希望能達成跟泳惠老師所分享的班級共讀品質，也符合學校獎勵標準的目標。

與夥伴老師分享讀報教學

調正教學任務　專業啓航

泳惠老師認爲術業有專攻，對於自我專業精進非常堅持，深信教師間若能彼此交流不同的專業面向，可以激發一加一大於二的加乘效果。因此面對不同的夥伴老師，泳惠老師秉持教學導師制度的精神，將焦點關注在教學專業，將重點放在提升學生的學習，發展出極佳的合作模式。

　　泳惠老師提到她第一位夥伴黃老師是新進代課老師，並擔任學校的系統管理師，由於職務關係，學校將剛卸任資訊組長的泳惠老師與其配對。在資訊科技這一塊，黃老師有他的專業，而泳惠老師有資訊組長的經驗，可以分享與交流。此外，黃老師擔任泳惠老師的班級作文科任，泳惠老師不但沒在科任課時批改簿本，反而是為黃老師細心觀課、詳盡記錄，課後將觀課的想法，回饋給黃老師。

　　教學輔導教師制度強調，教師的專業增能需有專業的導引。泳惠老師對於夥伴老師各項不同的專業成長需求，能選用適合的觀課工具進行紀錄與分享。例如：黃老師想瞭解自己上課的動線如何，有沒有忽略某些孩子，泳惠老師在觀課前會談時即建議採用「教室移動」的表格進行觀課紀錄，並在觀課回饋時參照紀錄的內容，讓夥伴瞭解自己上課的移動狀況，及個人移動慣性可能對學生學習產生的影響進行省思與討論。最後，泳惠老師再以級任導師對學生的瞭解，分享自己如何善用教室移動的動線，掌握學生個別學習的技巧，引導容易分心的學生參與課堂學習活動。

　　再者，對於需要討論引導、思索較多時間的作文課，學生的參與學習如何？面對黃老師希望瞭解學生在課堂中是否投入學習的需求，泳惠老師建議選用一個可以掌握學生專心學習程度的觀課工具──「在工作中」的觀察紀錄。「在工作中」的觀課回饋，導引黃老師思索，課堂是師生的雙向交流、共同參與，哪些情況下老師可能要適時地提點學生，哪些孩子比較容易在哪種教學活動中分心。在泳惠老師引導下，黃老師透過多次的觀察、討論、省思、修正，對學生的

學習更加瞭解，也能因材施教，善用多種教學法，讓每位孩子都成為教室裡的主人。

此外，泳惠老師觀察到認真的黃老師每個單元都設計學習單，延伸學生的學習，教材如此豐富，但課堂上卻常以講述為主，學生彼此可以回應討論的機會比較少，非常可惜。因此，她除了在教學過程中親自示範帶領學生使用白板分組討論的技巧外，也會在黃老師進班上課前，請學生將白板筆跟白板事先準備好，以利黃老師上課時自然運用。經過調整，黃老師感受到不一樣的小組討論氣氛，孩子學習更熱絡，有更多正向的回應，建立了自己的教學自信，也更勇於嘗試不同的教學策略。

在多元的專業互動中，夥伴老師認為泳惠老師觀課後提供的回饋及方向，非常具體且專業，幫助覺察與省思，同時能發展出更有效益的教學策略，這是教學能力的增長。一年後，當這位夥伴名列正式教師金榜時，點滴辛勤的灌溉，終究結出美好的果實；這自我實現的喜悅，對夥伴及對泳惠老師而言，皆是莫大的肯定與激勵。

觀察夥伴教師分組教學情形

積極聆聽　多元觀點論事

　　在校內擔任過多種職務的泳惠老師，思考問題條理分明，累積導師、行政、科任三種不同的角色經驗，讓她看待問題時，觀點較爲多元，可以面面俱到。面對夥伴老師的困擾或問題，她不藏私，樂於從不同的立場來分析，並分享自己成功處理問題的舊經驗。

　　學年早已規劃好辦理的中秋烤肉活動曾經是佩緹擔心的問題之一，她的難處在於初接班級不久，對學生不熟悉，對學校環境也還未全盤瞭解，學年規劃讓學生在操場邊烤肉，佩緹沒有把握，擔心學生掌握度不夠而發生危險。但烤肉活動已列入學年行事且學生期待已久，不可能因爲一、二個班級的特殊情況而取消。

　　當難以抉擇的佩緹與泳惠老師提及她的顧慮後，泳惠老師針對參與烤肉與不烤肉兩個面向，分享她所想到的作法。首先，烤肉是全學年的活動，班級一起參加，孩子才不會有比較心態，如果參加烤肉，就應注意安全，怎麼規劃小組，幫孩子分配，才能讓每個學生有任務，有同儕領袖的帶領與監督；另一方面，若佩緹覺得自己尚未能完全掌握班級的不確定因素，而決定不參加烤肉，老師可以跟孩子分享自己的想法，不妨跟孩子們坦白老師的顧慮，並與孩子討論可能的解決方式或替代方案，讓孩子同理老師的感受進而說服孩子。

　　舉凡烤肉、煮火鍋、親師溝通、學生常規問題處理等技巧，泳惠老師總能以老師的策略、學生的感受、家長的立場

及其他老師的思維等各方面來陳述，做一個全方位的分析。佩緹老師就說泳惠是位很特別的教學導師，她不會直接告訴妳好或不好，只要是事情有兩個面向或是三個面向的選擇，她總是會全盤思考，並分享任何可能的作法或建議。更令佩緹欣賞的是，什麼問題都可以問泳惠老師，每一次問她，都覺得有所收穫，也讓她對泳惠更為信任。

尊重夥伴的泳惠老師，樂於從多元角度分享，但總會提醒夥伴老師要以學年為主，尊重學年主任或共事合作的老師，謙虛地將自己的角色退居幕後，強調雖然有許多思考的方向，但夥伴隸屬於學年的班級團隊，應該要以學年的方向為主，不要偏離其他班太多。把最後的決定權交與夥伴，而不直接給建議或結論，讓夥伴在充分瞭解、評估細節後能放心做出掌握全局的最適決定。泳惠老師以退為進，讓夥伴老師有更多發揮的空間。

無私引領　凝聚共識

雙園國小是泳惠老師初任教職至今的學校，除了自己在這所學校的支持下持續精進外，她同時也看到這所學校的成長與改變，領略到這所學校的文化及氛圍對教師的重要性，可貴的是，泳惠老師真的發自內心愛這裡的孩子。因為有這種為他人著想的信念，她認為共好，才能真正的好，只有行政支援、老師專業、家長投入全部到位，才能讓學生真正的學習成長。

不論帶領的是學校的實習老師或新進老師，不論他們的

身分為何或聘期多長，泳惠老師認為正是因為有多位教學輔導老師的投入與存在，讓學校裡存有一股正向的中堅力量，擁抱每個新進同仁，讓夥伴跟學校多建立起一份關係。許多新進同仁是代課教師身分，明白每年一聘的現實面，因為有教學導師的關心，所以泳惠老師觀察到這些老師知道有人支持著他們或者引領著他們，會更努力的為學校付出，也因為專業增能，在工作的動能跟行動上會有更特別的展現。

與社群教師研討課程方案

　　泳惠老師指出，雙園國小的教學導師與夥伴老師除了一對一互動之外，還有小團體聚會，規劃不同主題，多組夥伴共同分享，教學導師帶著夥伴老師一起認識其他的教學導師跟夥伴老師。除了串聯夥伴跟夥伴之間的互動，教學導師之間也會形成很好的互動型態，這種文化營造及情感的凝聚，

讓每個新進同仁能融入學校，不會因爲是代課老師就被忽視。泳惠老師認爲每個人都很重要，活化彼此互相照應的關係，就會產生心的連結，這種溫暖的支持，貼心的關照，會鼓舞夥伴更努力的爲學生及學校事務投入。

多跨一步　共好就是眞正好

泳惠老師對學校教育充滿熱誠，極爲肯定教學導師制度，她認爲每個學校裡的事情就是這麼多，不是你做就是我做，如果每一個人願意跨出一步，爲別人多做一點、爲別人多想一點，那這個場域裡的事情就會變得簡單一點，也好做一點。教學導師制度讓有緣份的老師們能自然而然連結上同一條線，讓壁壘分明的每一間教室，開啓了深入對話的可能性，對於習於只專注在班級內的老師而言，群體支持力量的型塑，眞的難能可貴，值得珍惜。

此外，在泳惠老師的引領下，二位夥伴黃老師及佩緹老師都於隔年如願考上臺北市正式教師，而第二位具有特教教師身分的新進老師，則是栽培出總統教育獎的孩子。一路陪伴，看著夥伴努力成長後有所成就，泳惠老師開心的說：「教學輔導老師制度眞的是太棒了！」她感謝所有的夥伴老師和擔任教學導師的同仁，因爲參與而帶來合作的契機，也激發出美麗的火花。

服務領導魔法石

你有架子？還是有價值？

當人愈謙卑的時候，愈會發現自己有所不足，就愈會懂得放下身段虛心地求教，本身所學到的東西也就愈多。如同中國人所講的「愈熟的麥子頭垂得越低」有著異曲同工之妙。

是的，有人很喜歡擺「架子」，但所講出來的話卻不見得有智慧，在眾人心目中也不見得是個討喜的人物。有的人沒什麼「架子」，但講出來的話卻極富內涵，隨和的態度更贏得了人們發自內心的尊重。

看來，「架子」與「價值」，關鍵就在那顆謙卑的心。

《摘錄自學習電子報http://ibook.idv.tw/index.html》

擔任教職只有10多年的泳惠老師，取得許多相關專業認證、也參與各種課程教學研發，獲獎無數，看重自己的角色，積極認真的活出每一天。訪談過程中，娓娓道來教學路程中與夥伴的互動，她的理念及實踐是如此謙卑細膩，強調教學導師有責任也有義務協助夥伴，因此建立專業能力跟態度的基礎後，再以身段柔軟、真誠分享的謙虛態度贏得信任。泳惠老師為經師，更為人師，因為沒有「架子」，更顯其專業的「價值」，自有其光采。

7

專業啓導服務心
大小水滴匯長河
——濱江國小陳蕙菁

【訪談／撰稿：何嘉惠】

教學輔導教師：陳蕙菁

學歷：國立臺北師範學院數理教育研究所

經歷：學年主任、領域召集人、教學輔導教師、實習輔導教師

　　走進位於基隆河畔的濱江國小，童話城堡般的環形校舍，令人印象深刻。這所早於1949年成立的學校，因基隆河截彎取直而進行拆遷，在2005年於現址復校。有鑑於優質的學校硬體，須搭配優秀的專業教師，才能相得益彰，因此，濱江國小積極著力於各項教師專業發展，群策群力，建構團隊合作的教師專業形象。

　　新的學校，年輕教師雖然富有活力、充滿熱忱，卻也面臨新學校可能產生的挑戰，就是初任教師及新進教師較多，學校口碑待建立，教師極需教育經驗的傳承及教學專業成長。在濱江國小的教師團隊中，有一位重要的領頭羊，總是率先前行，讓其他同仁充滿信任、心甘情願的跟著向前走，她，就是本文所介紹的陳蕙菁老師。

　　屬於教育中生代的蕙菁老師，對於教育的投入，有口皆碑，17年來始終如一，先前曾服務於安和、麗山二所學校，皆榮獲默默耕耘教師、績優導師之肯定。調到教師平均年齡約36歲的濱江國小後，相較於濱江國小的其他同仁，蕙菁老師教學年資豐富、教學實務倍受肯定，搖身一變成為資深老師。角色的轉變，為蕙菁老師帶來契機與責任。

　　臺北市教學輔導教師制度規範嚴謹，要參加培訓的老師，先決條件必須要滿八年年資，參與各種進修意願性跟主動性皆高的蕙菁老師深知，在濱江她要擔負的重任會多一點，就應該要有使命感，於是挺身而出，支持教師的各項專業發展系統。她，對於成為教學導師有強烈的意願，認為這是自己可以貢獻給學校的區塊；她堅信，當同事間共同合作的關係更好，教學動力及教學專業都能更提升，日積月累將

會看到不一樣的改變。

📚 古道熱腸　平易近人

教學輔導教師除了在課程設計、教學、班級經營有一定的水準外，最重要的還是服務的人格特質（張德銳，2013）。在教育現場，多數教學導師是帶領一位夥伴，而蕙菁老師考量到學校屬新復校，需要支持、協助的夥伴較多，她願意多承擔一些。因此，在取得教學導師資格後，每年帶領二至三位夥伴，連續三年不間斷。而驅使她來者不拒，無私奉獻的最重要因素是——她深具熱情且平易近人的特質。

教學導師與夥伴相見歡

不論是閒話家常、資訊分享或專業交流，在學校裡，常可以看到蕙菁老師與人熱烈對話的場景。尚未擔任教學導師

前的蕙菁老師，只要有新的資訊，或是想到的教學點子，就會主動分享，「我有……東西，您要不要啊？」是她逢人最愛說的開頭語，喜歡閒聊的她，擔任教學導師後，平易近人且不帶壓迫感的對話方式，讓同儕間的專業互動更融洽。

初任教師就到濱江的王慧禎老師，因為擔任高年級老師，有緣成為蕙菁的夥伴。她覺得自己很幸運，因為熱心的蕙菁老師除了願意反覆回答慧禎的問題外，亦常常主動關心她在學校各項工作的準備，協助她很快適應。而蕙菁老師營造學年和諧的討論氣氛及積極的團隊動力，也提供夥伴最佳的支持後盾。

溫馨關懷　從心出發

蕙菁老師認為人與人的互動，要有五到 ━━ 心到、眼到、耳到、手到、口到，最首要的「心到」就是從關心他人開始。關心他人可分為二種層面，關注需求進而協助滿足，或是關注其感受進而支持，蕙菁老師二種都做到了。

濱江國小附近區域以住宅為主，對於初到學校的夥伴，蕙菁老師一定先協助夥伴把民生問題處理好，熱情的她會主動關心人生地不熟的夥伴是否找到租屋處了？有沒有交通工具？在學校未供餐時，協助訂便當，進而邀請夥伴共進午餐。關注夥伴的需求，情誼的交流，關係的建立就從生活上的細微點滴開始。

對家在南部，一人獨自在臺北打拚的慧禎老師而言，能在跨年夜晚，接到來自蕙菁老師的電話，邀請她與其家人共

與夥伴的溫馨午餐約會

渡佳節，蕙菁的心靈擁抱，視她為家人般的關懷，帶給她無比的安定感。

　　關心，以生活為基礎，再延伸至工作中，這是蕙菁老師顧慮夥伴感受，為關係破冰的方式。不論見面或透過電話、電子郵件表達關心，都會多加一句「最近在工作部分有沒有問題？」隨時隨處的關懷，讓夥伴能自在開口；24小時開放的服務，貼心溫暖，夥伴進而能專注在工作上，自在地學習與發揮。

態度謙卑　深得信任

　　蕙菁老師遇到的夥伴老師不見得是沒有教學經驗的，她觀察這些老師雖然資歷較少，亦屬新進同仁，但每個人都有值得學習之處。多數夥伴老師都非常有創意、有理想，可以激發更多教學創新的點子；但在班級經營或親師溝通上可能

會比較生疏，教學導師就可以著力在這一塊補足他們。有些比較資深的老師與新進夥伴互動，用語或態度會比較傾向於帶點權威式的「指導」，教導他們要這麼做，遇到問題要怎樣解決。蕙菁幾經思考後覺得，其實每個人不需要企圖改變他人，應是鼓勵夥伴依循自身特質、風格及目標，發展出個人的教學特色。

在夥伴眼中，蕙菁老師在校內雖屬資深且各項教學表現備受讚揚，但她對自己教學導師角色的定位是——比夥伴老師多一點的教學經驗，可以互相分享，攜手成長，而不把自己塑造為典範老師般那麼遙不可及。蕙菁老師提及謙卑的態度可以拉近彼此間的距離，弱化師徒的階級觀點，讓彼此在信任的氛圍中，擴大更多學習的可能性。她要求自己，謙卑不能只是一種口號，而是一種表現在日常相處、言談之中的態度，因此，她鼓勵夥伴直接稱呼她名字，而婉拒「師傅」的尊稱。她甚至細微地覺察包含用語及語氣，在教學導師的角色中，都顯得極為重要，強調與夥伴間平起平坐的互動，希望所有的夥伴在制度中都是喜樂受益而非被迫的。

再以入班觀課而言，通常是夥伴比較在意的壓力來源。蕙菁老師會讓夥伴瞭解，觀課雖然是學校制度的規定，卻也是最直接、最具體能讓自己武功倍增的方式。她很樂意先上課給夥伴們看，請夥伴也提供觀課後的回饋，讓她可以持續成長。藉由實際演練，釐清夥伴的觀念，共同省思。蕙菁老師以退為進的謙卑態度，深得夥伴的信任，營造攜手合作與教學相長的感受，讓夥伴老師用正確、自在的心境面對專業成長。

📚 解惑分享　領路前行

　　傳承教學經驗是教學導師的主要職責，不論是進行班級經營與教學技巧的協助、引導、回饋，直接或間接協助夥伴教師解決教學問題，並增強教學能力，這些互動都同時幫助教學導師及夥伴教師省思自身專業。蕙菁老師鼓勵夥伴老師多談多問，面對實務現場的各種挑戰，「不怕你來問，就怕你不問！」

　　蕙菁老師每每在開學前，就先讓夥伴初步瞭解學校的校風、做事的方向、家長的期待等等，對認識學校，建立了基本的輪廓。接著運用聚會進行「定期預告」──針對學校一整個學期的大活動、活動中內嵌的小活動或課程，學校設定的目標及方向等，提醒夥伴預先準備。

學校活動討論

　　以「濱江文學賞」為例，是搭配閱讀與寫作的校本課程，各學年作法不同。長期兼任學年主任或領域召集人的蕙菁老師，累積豐富的經驗，深知凡事預先提醒，每件事都做到定位，不會臨到活動前分身乏術，腳步就會踏實。慧禎老師提到，蕙菁老師讓大家瞭解文學賞是學校重視的盛大活動，包括展場的布置，資料檔案整理等，都帶著大家同心協力，一起參與。

　　又以濱江體驗課程為例，蕙菁老師不會單只就這個課程是在做什麼，來告知夥伴老師。包含這個活動可能需要家長參與，哪個項目需要細部的跟夥伴說明，到最後繳交成果報告、頒獎及領證書的呈現方式等，她都會把自己現有的書面資料拿出來，一一解說引導，提醒夥伴在課程過程中，即時蒐集學生的學習成果及照片。她巧妙引領在前，夥伴因為熟悉而省卻慌張，教學之路走得更為平穩。

專業示範　精進教學

　　濱江國小的新進老師一定要辦理教學觀摩，時間可以自己調配。在學校公告前，蕙菁老師就先預告夥伴，接班首要任務就是以安定班級經營為重，當帶班上手後，便要開始思考教學觀摩想要教的課程。考量夥伴老師初期對於課程的熟悉度、內容知識的架構可能不足，加上課堂教學的節奏與流程，還有待熟悉與掌握，所以，蕙菁老師採用示範及持續觀課討論的方式，協助夥伴老師完成教學觀摩的任務。

　　首先，蕙菁老師親自上課、示範教學給夥伴老師看，並

在課後與夥伴老師討論分享，逐步累積課程與教學的實務概念。再加上學校的教室以班群教學、彈性隔間爲主要規劃，同學年的夥伴教師很容易透過開放空間看到別班的教學情形，耳濡目染下，亦會引發夥伴老師更多想法，建立更多概念。同學年的慧禎老師非常肯定學校這樣的空間設計，從觀看中，蕙菁老師的身教無形中提供她更多學習成長的機會。

　　經過一段時間示範後，蕙菁老師會慢慢進行夥伴的觀課，從觀課過程中協助夥伴瞭解自己的教學，及可以調整的方向。她提到教學導師在觀課中可以運用的四到：眼睛要雪亮，看到需求；耳朵要傾聽，覺察困惑；嘴巴多讚美，建立信心；心要柔軟，貼心與同理。她深知，多數老師不是沒有能力，只是缺乏經驗而已，透過讚美肯定，可以讓他愈來愈好。

楷模學習——教學導師為夥伴進行教學演示

　　對於夥伴的教學內容，蕙菁老師也不馬虎，觀課的同時一定特別留意課程如何切入，例如：如何運用國語「意義段」跟「自然段」的區分，提升學生語文的理解；如何引導數學的觀念，有效教學讓學生能聽得懂；如何掌握學生的迷思，澄清概念，正確理解……等。她會與夥伴老師共同討論，解決實務現場面對的問題，讓夥伴老師在撰寫教案、課程設計、教學設計、學習單設計與課堂評量等各方面持續增能。

　策略調正　彰權益能

　　每位老師的教學經驗皆是不斷的學習、轉化、調整而至圓熟的歷程，教學導師亦是如此。透過制度的落實，讓每個夥伴在帶領下，減少同樣的摸索與錯誤，如同踩在巨人的肩膀上，能夠看得更高、更遠。

　　曾經有一位夥伴老師，發現班上有位學生較為過動，希望能讓家長更為關注孩子，與老師合作解決學習問題。蕙菁老師分享多方觀點的策略，藉由對學生上課情形，多做一些具體的觀察，也邀請其他任課老師對學生進行記錄，再以這些不同時間、不同人員角度的檢核內容，與家長溝通，讓家長明確瞭解，進而願意配合。

　　此外，跟著前輩的腳步走，就不容易出差錯。學年有一個課程是利用假日出去訪談社區人員，但有家長認為假日陪同有困難。蕙菁老師跟夥伴分享，可以技巧性的處理班級的編組，將可以在假日陪同外出訪談的家長，平均分散。然

後，在確定編組主題時將小朋友錯開，可參與的家長自然分散編在各組中。

多數夥伴老師因為缺乏經驗，在班級經營時，常有班規執行不夠明確，或缺乏個別差異原則等問題，蕙菁老師會提供幾個策略，首先座位的安排，可以設計及調整；再者，訂定的班規要清楚執行，跟學生都約法三章。達成了這個寶貴的協議，就不用擔心在要求孩子的行為時，學生不服氣或家長有意見。當班級步上軌道，夥伴老師相由心生，就慢慢的愈來愈有老師的架勢了。

在協助夥伴增能的部分，蕙菁老師很願意給時間，以寫教案為例，她可以把每天共同空堂時間挪出來，從具體目標、學習目標的基本功帶領，為的就是希望夥伴老師能在過程中學到能力，奠下扎實的基礎。第一年與夥伴教師、學群教師合作，完成校本特色課程「濱江小記者」，獲臺北市行動研究獎項肯定。第三年協助夥伴建構美勞多元評量方式與

規準，並參加多元評量教學範例徵選。看到夥伴克服挑戰的成就感，她覺得付出的一切都非常值得。

教學後的回饋會談

傾聽同理　暖心舒壓

　　當夥伴老師遇到困難時，教學導師用心的傾聽、眞心的
關懷，往往能扶他一把，再站起來重新出發。有時夥伴老師
因爲家長對教學作法有意見而感到挫折時，蕙菁老師會陪在
身旁，當夥伴的情緒垃圾桶，讓他們吐苦水、抒發情緒，再
以過來人的身分，安慰並協助釐清問題，同時引導適切的應
對、處理與步驟。

　　有時候，夥伴老師在合作過程中與同儕教師產生誤會磨
擦而感到困擾，蕙菁老師會認眞聆聽，爲其保守祕密，並以
自己對那個老師的瞭解來協助化解。例如：以她對這位老師
個性的瞭解，他的話語所傳達的意義，不一定如同夥伴老師
解讀的意思；……安慰夥伴老師不要太放在心上。

　　當覺察到夥伴老師因行政處室交付額外的競賽任務，
而感到壓力時，蕙菁老師除了同理感受，分享經驗，協助情
緒轉移外，亦表達她陪伴成長、共同完成工作的支持態度，
與夥伴老師討論，擬定具體可行的作法，以比較有效率的方
式，結合現有課程及作法來完成任務。

　　蕙菁老師認爲學校還在發展中，其實每個老師很需要
做出口碑，整體教師專業度提升，便能讓學校的整體評價更
高，家長社區肯定，就不易受少子化的招生問題影響。每個
夥伴老師幾乎都會面臨家長意見、同儕互動或是教學任務的
挑戰，給予陪伴與支持、同理與協助，能讓夥伴教師溫暖在
心頭，累積更多向前走的能量。

 大小水滴　成就彼此

　　教師單打獨鬥的時代已經過去，濱江重視群策群力，攜手同行，學校逐年推薦培訓教學導師，並在行政的支持與帶領下，成立教學導師與夥伴老師的專業學習社群，團隊名稱為「小水滴」。「小水滴」的命名，符合學校的特色，象徵每位夥伴如同一個小水滴，小水滴積少成多、點滴成河，代表團隊合作、團結力量大；最後海納百川，代表謙虛包容，也期許自己能不斷成長。小水滴凝聚大家的信念，是對教師專業的期許；是對學校發展願景的回應，也是對彼此合作支持的承諾。

　　蕙菁老師擔任教學導師的第一年，學校即同時規劃建立小水滴社群，讓教輔系統藉由團隊的方式發展茁壯。小水滴社群配合校內行事安排團隊共同成長計畫，包括實務經驗分享、學校重大活動（如：學校日、運動會、濱江文學賞、園遊會）的準備工作分享、主題講座、讀書會研討、面對挑戰的加油打氣等。把教學導師跟夥伴老師一起帶進社群中，自主規劃自主成長，能學習更多不同的面向，發揮更多的影響。

　　慧禎老師指出濱江小水滴的概念，就是彼此互相學習成長。在這個有教學導師及夥伴的社群裡，有不定期的教學分享、有不同老師提出的班級經營技巧、有不同教學理念的呈現、有關懷、有激盪。每顆小水滴，相互成就彼此。

濱江小水滴

📖 水岸濱江　幸福工程

　　慧禎老師後來轉換年段到中年級，也當了學年主任，她
與蕙菁老師一直像良師益友般的互動，從蕙菁身上，持續受
到啟發。她提到之前跟蕙菁學做課文大意架構表，學習怎麼
設計學習單，蕙菁總是認真去做每一件事，永遠都會想要給
學生更多的知識，思索怎麼教才能幫助學生得到更多能力。
在慧禎眼裡，蕙菁教學生的方式，蕙菁身為學年主任帶領其
他老師的方法，都是她學習的榜樣，讓她明瞭如何才能當一
位稱職的學年主任，與其他同儕夥伴攜手成長。

　　「大家攜手共前進，我的大手牽他們的小手；我的左手
牽他們的右手，我們可以走得更遠更長久。」這是蕙菁老師

擔任教學導師服務他人的理念。她感謝生命中出現的每位夥伴老師，因爲夥伴老師的需要，才有教學導師存在的意義跟價值，希望還能一直持續有機會爲更多的老師服務，教學相長。

從學校運作、事務推動的角度上看，蕙菁老師把自己比喻爲團隊中那小小的一個螺絲釘。當她發現自己可以在夥伴老師身上，帶有一點點的影響力，影響他們對學校推行的事務觀感更正向、更願意付出，更願意投入。小小釘，卻能發揮大大的力量，那就是一種肯定。

教學輔導機制建立的信任關係、情感基礎，讓蕙菁老師這水滴及更多同仁樂意持續投入，大小水滴的影響力不容小覷，齊心協力，相信教育的幸福工程將持續進行。

服務領導魔法石

「管家」的主要概念就是為我們周遭的人服務，以為大團體的利益盡義務的意願，為他所領導的那些人服務，是服務型領導人非常重要的認知之一。

—— Block Peter

蕙菁老師身為濱江國小的一分子，感受到學校復校面臨的挑戰，認同學校極需建立專業口碑的發展願景，願意以自己已累積的教學經驗，帶領新進夥伴共同成長，攜手邁向專業。她以一對多的團隊方式帶領夥伴，延伸到學校的小水滴社群，創造了一個大家能追求共同理想的情境。每個夥伴在引導歷程中，找到自己的特色與定位；而每個教學導師在協作中，亦看到自己的價值與責任。

對學校而言，每位老師的理念能被珍視，在學校自由發揮，就能擴散正向無形的影響力，這是教學導師制度所追求的目標。盼有更多教育人員，如同蕙菁老師一樣，扮演學校螺絲釘的角色，發揮服務精神，就從自己做起。

8

在別人的需要上
看見自己的責任
——瑠公國中林美芳

【訪談／撰稿：王淑珍】

教學輔導教師：林美芳
學歷：國立臺灣師範大學國文研究所四十學分班
經歷：教學輔導教師、領域召集人、教務主任

我要引瞎子行不認識的道，領他們走不知道的路；
在他們面前使黑暗變爲光明，使彎曲變爲平直。
這些事我都要行，並不離棄他們。

—— 《以賽亞書》42:16

瑠公國中，座落於臺北市山峰靈秀的虎山之下，以人文關懷、環境調適、科技應用等主軸，培育有教養的青年爲學校願景。臺北市自試辦教學導師制度起，瑠公國中就開始積極參與，此中推手之一即是任職學校教務工作多年，以滿滿的愛與關懷來提攜後進的林美芳主任。

美芳主任自1978年畢業於國立臺灣師範大學國文系後，就在家鄉——基隆暖暖展開她的教職生涯，任教14年後轉至臺北市瑠公國中，於1999年榮獲臺灣省「導師類」師鐸獎暨臺北市優良教師，並以「愛書愛山愛樂，讓瑠公亮起來」爲題，積極推展閱讀，100學年度更榮獲教育部個人組「磐石獎」，是爲「推動閱讀績優推手」。她曾擔任國中導師21年，特教組長一年，輔導主任一年，教務主任10年，目前仍服務於教育現場，迄今已逾30年。身爲虔誠基督徒的美芳主任，對教育的熱情長久不減，更以自身的經驗不斷傳承，如同《以賽亞書》第40章第29至31節所示，對於教育，她似乎奔不困倦、行不疲乏，總能從信仰上獲得支持的力量，也讓她可以秉持「有一己之力，服一己之務，有百人之力，服百人之務」的精神，持續在教育夢田上默默耕耘著。

　　30多年的教職生涯中，美芳主任輔導過許多實習教師、夥伴教師，協助他們解決教學事務上所遭遇的疑難雜症，帶領他們融入教學生涯，她對同儕、夥伴們的服務與奉獻至今未曾停歇。在102學年度以臺北市國中教師甄試國文科榜首身分錄取瑠公國中的陳立瑋老師，就是受惠者之一。

　　陳立瑋老師畢業於臺灣大學國文系，從小就立志要當老師的他在大四那一年修讀教育學程，在實習及服兵役結束後投入教職工作。2008年，立瑋老師開始在瑠公國中擔任代課、代理教師，因為表現優異而連續四年獲聘國文科代理教師，並在102學年度臺北市國中聯合教師甄試高中國文科榜首，也因為在瑠公國中任教時所受到的照顧與學習，讓他毫不猶豫地選擇留在瑠公國中服務，也與美芳主任再續亦師亦友的師徒之緣。

回首來時之路　點燃助人熱情

　　在夥伴老師的眼裡，美芳主任是個惜才、熱心提攜後進的好前輩，不論教學或生活，總能適時給予指教與關懷，對立瑋老師而言，美芳主任就像是母親一樣，不時流露出滿滿的愛與關懷，讓人感到安心與溫暖。然而，十分熱愛教學的美芳主任，談起自己初入教職時，她以一個大學剛畢業的新手教師身分，中途接手了那個年代所謂的「放牛班」，那段生澀難熬的教學困境，令她深刻記憶。

　　剛開始她實在不知如何與這群學生相處，尤其每到週六的第四堂課，學生總是歸心似箭，心浮氣躁，令她更難以掌

控班級。雖然美芳主任曾向訓導主任商量調課，但卻礙於訓導主任必須監督放學隊伍的事務，因而拒絕了她的請求。回憶當時情景，美芳主任說自己當時只能咬緊牙關慢慢教，靠著自己的堅持以及基督徒的信仰撐過了那段教學初始期。回想自己曾經憑藉摸索、土法煉鋼的方式走過最初的教職路，美芳主任語重心長的說道：「如果那時候有人告訴我，可以怎麼樣更好的教，也許就不用這麼的生澀、這麼的困頓、還這麼的惶恐。」為此，原本個性就熱心助人的她，在心裡也埋下了日後協助夥伴教師、服務同儕的熱忱種子。

熱愛教學工作　樂於指導後進

因為已在暖暖國中有14年的教學經驗，美芳主任初到瑠公國中時，就被賦予了帶領實習老師的任務。對教學事務繁忙的教師而言，輔導實習教師畢竟是多添了一項負擔，並非每個人都樂意接手，但美芳主任卻毫不猶豫地接受了這項任務，因為她認為學校將實習老師交付給她，其實是對她的一種肯定與榮譽。美芳主任不僅帶領實習老師，當立瑋老師還只是瑠公國中的代理教師時，就同樣受到她的關懷與協助。

談起美芳主任對教育的熱忱，立瑋老師欽佩美芳主任永遠不嫌累的精神，而對於學校活動的規劃，她也常有自己的一套想法，加上自己是國文老師的身分，她更希望在學校構築一個好的閱讀環境，所以在推動閱讀活動上不遺餘力，從「閱讀寒食」、「詩歌朗誦」到「愛山、愛樂、愛書」……等，她總有不同的新點子，實不愧為瑠公國中推動閱讀的推手。

提攜後進的美芳主任與共讀夥伴合影

　　在教學上，美芳主任十分重視情意教育，對於重視成績導向的立瑋老師而言，心中總疑惑著：「情意眞的有那麼重要嗎?」恨鐵不成鋼的立瑋老師，對學生的成績有相當程度的要求，但卻遭遇學生家長的反駁。家長直言，只要自己的孩子盡力就好，不要求孩子非得拿第一，家長的一席話如一記棒喝，讓立瑋老師反省起自己的教學，思考除了成績之外，到底還想要給學生什麼。

　　美芳主任邀請立瑋老師進班觀課，在看過美芳主任的教學之後，立瑋老師感受到不同的光景。在「吃冰的滋味」一課中，美芳主任直接將剉冰帶到課堂上，學生們眼睛都爲之一亮，她從這個部分引領學生帶出懷舊的情感，將眞正的情意帶給了學生，雖然這樣的學習在短期的段考中試驗不出成果，但卻可以在學生的作文中看見眞實情感的流露，而這絕不是單純背誦可以形成的效果。

　　立瑋老師感嘆自己的教學竟讓孩子對環境沒有情感，僅是將孩子訓練成考試機器，這一點給了立瑋老師不小的衝擊，但也因為美芳主任這番情境教學的引導，立瑋老師開始重視學生對學習內容的理解，也慢慢改變教學方式。現在的他，在教學上與以往大有不同，更懂得讓學生在學習中去理解、去產生共鳴，回歸到閱讀理解的真諦。

從教學到行政　展現共好心念

　　美芳主任說自己真的很愛教學！踏上行政這條路，原本不在她的規劃之中。擔任這麼多年的導師，自己又是那麼熱愛教學，當校長開口要她接行政工作時，她的內心不免有些抗拒，但幾經沉澱後，因為一個想要追求「共好」的心念，讓她決定接受這項挑戰。

　　21年的導師經驗早已醞釀了美芳主任投入教學導師的前景，而教務主任的職位也讓她正式踏入了教學導師的領域。2003年，美芳主任執掌瑠公國中的教務，當時正是教學導師試辦之際，有感於師傅教師帶領徒弟教師的重要，她向校長建議在學校推動教學導師制度。不過，美芳主任也不諱言，在推動教學導師制度的第一年，因為自己的行政經驗不足，在安排教師們的共同時間方面遭遇了困境，再加上那個時間碰巧也忙著校務評鑑的事務，所以整個制度的推行並不如預期的順利。

　　當時為了讓教學導師們有共同的時間可以交流與成長，學校教師會通過教學導師可以減課的規定——在月考期

間可以減少一堂監考。但這樣的安排相對造成其他老師的負擔，也引來不少怨言。不過她不爲此感到氣餒，因爲她深信教學導師制度確實可以爲老師們提供成長的管道，而自身曾經走過的窘境，也讓她可以在推動教學導師制度的時候給予老師們更多的協助。她調整步伐後重新出發，對於減課的問題，她尋求了家長會的支援，籌到可以支付的代課費用。另一方面，也鼓勵參與的教學導師們儘量不減課，雖然同時參與教學導師制度增加了一些負擔，但是收穫卻是自己的。在諸多的協調與勉勵之下，學校實施教學導師制度終於漸入佳境。

對美芳主任來說，她愛其所愛，這個舞臺給了她揮灑的空間，因爲她的內心很希望人家好、能夠看見別人好，她認知的教學導師所扮演的角色就是照顧、協助與分享，而這個制度也讓教師們構築了一個互助成長的管道。

活絡社群　催化分享

在教學導師制度尚未推動之前，老師們有許多寶貴的經驗與資源不敢與人分享，是藏私嗎？還是擔心獻醜呢？美芳主任認爲自己心裡很願意與人分享，但也因爲不確定自己的東西是否夠好，不好意思搬出檯面，往往讓自己在「分享」與「藏拙」之間矛盾不已。

然而，教學導師制度的推動讓美芳主任發現改變的契機，爲了讓這個分享平臺順利啓動，美芳主任總會以相見歡的活動，讓這個輔導社群活絡起來。透過一張海報紙，每個

人畫上一隻手，掌心寫上自己的姓名，不同指頭寫上自己的教學年資、經歷的學校、心目中的某位老師、記憶中的某位學生，最後寫上支撐自己走下去的力量，然後開始分享各自的手掌故事。透過這類的分享活動拉近了彼此的距離，也串起了彼此之間的連結。

學校的老師們常說，因為有美芳主任這樣的領頭羊，所以他們願意跟隨著她的腳步一起向前走。依循著前輩的腳步向前走，不會寂寞也不孤單，即便是教學年資深的教學導師們，熱忱也不會熄滅，因為這個薪火相傳的熱力還存在，加上適時的專業研習與分享活動，讓他們更加充實。這樣的機制讓老師們卸下了心防，也可以放膽去分享與交流，更期許自己和夥伴們都能夠成為一盞明燈，不僅照亮自己，也能照亮別人。

人與人相處之時一定會激盪許多火花，對學生而言是如此，對夥伴老師亦是。美芳主任認為，唯有對這樣的火花充滿好奇、興趣以及擁有熱情的人才會願意有更深的投入。立瑋老師從夥伴的角度來看瑠公國中的前輩們，教學那麼多年卻熱情不滅，他們的眼神總是發亮的，即便已是任教多年的資深教師，上課依舊談笑風生，能夠引起學生的學習興趣，活躍的熱力與樂於分享的氛圍也深刻影響了立瑋老師對教學的熱情。

謙遜同理　關懷傾聽

身為教學導師，美芳主任在與夥伴互動時，總會以謙

遜、同理的心去對待，「愈是成熟飽滿的稻穗，它的頭垂得愈低」這是她常跟學生及夥伴分享的觀念，而她也認為要懂得同理對方的無助、同理對方的不足，對方才會像是找到一個亮光一樣，感覺到安心，自己也才會願意付出更多。

　　在給予立瑋老師教學建議的時候，美芳主任總是語帶謙和的給予建議，從不給人壓力，這就是美芳主任對夥伴的貼心。立瑋老師說美芳主任給人的感覺就像是一位幹練精明的長官，可以在短時間內去思考很多個不同的點，很有條理把它條列出來後再與夥伴討論；但另一方面，美芳主任更像是一位充滿關愛的慈母，不但關心他的教學，也關心他的生活點滴，讓立瑋老師既感動又感恩。

　　除了溫暖的關懷，在面對夥伴的困境時，美芳主任也會主動的去傾聽夥伴的需求，她覺得要瞭解夥伴老師到底遭遇什麼狀況，就必須先懂得傾聽，因為她認為唯有聽得懂夥伴們的需求或是想求助的事務，自己才會能有足夠的線索去提

教學輔導活動：一起來玩平衡木

供適時的協助。

愛與親和　營造信任

　　回首瑠公國中多年推展的教學導師制度的經驗，美芳主任認為成功的關鍵之一在於教學導師的敏銳度要高，從發現問題，瞭解問題，再解決問題。教學導師不是診斷夥伴教學問題的醫生，而應該比較像是朋友，唯有在相當程度的信任當中，才能讓夥伴慢慢的接受與發覺教學導師所給他的幫助。

　　美芳主任身負教務行政的角色，是教師教學的重要支援之一，所以夥伴給她的回饋，大都是感激她提供了他們一些資源與鼓勵。因為自己當過21年導師，美芳主任自覺比較瞭解身為老師們的辛苦，所以她常會主動出擊，穿梭在這一群老師當中，並及時給予支持，因為她認為只有走出辦公室與老師們交流，才能讓老師們感受與信任行政支持的力量。

　　「愛」與「親和力」是學校夥伴們最常給美芳主任的回饋，美芳主任覺得自己對人是很有感覺的，她用愛去關心身邊的人，她能夠看見身邊的人有何情緒變化，所以她敏銳於夥伴們的喜怒哀樂，然後，喜隨之同喜、憂與之同憂，因為「共同喜樂會加倍，分擔痛苦會減半」，這就是她對待夥伴們的共享哲學。

教學導師與夥伴老師 —— 旺旺期末大感恩

專業成長　堅守志業

　　美芳主任認爲：「要服務人群的時候，自己必須得拿出專業來！」眞有專業時，看法自然就會不同。過去，她曾經領導一群特教老師，但不是特教出身的她覺得如果自己沒有去瞭解、學習相關的專業知識，在特教領域裡的她能給的將只剩愛心而已。可是要接觸這些自閉症、亞斯柏格症或是疑似學障的孩子們，必須要有實質的專業，於是她開始充實自己，向特教專長的老師們學習，而她更爲了瞭解特教孩子的情況，經常打電話到陽明山教師研習中心諮詢專家學者，除了提升自己的專業知能，讓自己的視野更加寬廣之外，更希望能夠爲這群孩子的學習提供更多的協助。

　　在協助學校推動教學導師多年後，美芳主任也上陽明山接受了培訓，正式取得教學導師的資格，繼續提供學校的

老師們更多的教學輔導實務。美芳主任覺得自己的教學生涯就像是一直被拉著向前走，但是她說自己沒有這麼大的企圖心，即便身邊許多人一直鼓勵她應該去報考校長之職，她仍不為所動，因為她非常肯定教學導師制度的效用，所以堅決留在教學導師這塊田地耕耘，坐穩這個位置，繼續推展。

點亮心燈　師徒相承

　　立瑋老師認為，美芳主任就像是個楷模一樣，不論行政或是教學，都有諸多地方可以讓他效法學習。深受美芳主任典範精神的感召，立瑋老師除了自身受益之外，也學會去分享與傳承，包括其他夥伴教師、實習老師或是代理老師，立瑋老師也會樂意分享自己的經驗。因為美芳主任的典範效果，營造了無畏與無私分享的氣氛，無形中也點亮了立瑋老師的心燈，讓他不但踏出成長的腳步，也增加了自己專業自主的能力。這就是愛的傳承，也是教學輔導團隊形塑出來環環相扣、惺惺相惜的氛圍。

　　如果學校裡有很多人都朝著成長在移動，但卻有一些人猶在觀望的時候，美芳主任覺得大可不必擔心，因為這樣動態的成長，自然會讓那群還不想變動的人感受到不安，而會想去一探究竟。慢慢地，願意加入成長的人就會愈來愈多，也許過程中會有人感到累了、倦了，想要休息也無妨，因為美芳主任覺得休息是為了走更長遠的路，不必操之過急，就當作是蓄積能量，等待下一次的出發，這種不強求的方式，也是美芳主任對夥伴的一種體貼。

　　「教育不只是注滿一桶水，而是點燃一把火。」立瑋老師用這句話來形容美芳主任的理念，他感受到美芳主任不是在灌輸夥伴觀念，而是想讓夥伴燃起學習的熱忱。看著瑠公國中的資深教師們隨著歲月的推移，上課依然談笑風生，熱情不減當年，立瑋老師充滿信心的說自己要向這樣的老師學習，因為這些老師不是注滿一桶水就停歇了，他們點燃的是熱忱的火焰，而且還要薪火相傳，這就是教學導師制度，也是美芳主任想要傳承給夥伴們的理念。

教學輔導教師專業成長活動合影

📖 成人之美　愛不止息

　　美芳主任是個虔誠的基督徒，她期許自己心中擁有愛，可以跟他人有更多的分享與分擔，這就是上帝賦予她的力量泉源。對於教育的這份愛，美芳主任靦腆的笑稱「此愛

綿綿無絕期」。德蕾莎修女曾經說過：「愛是在別人的需要上，看見自己的責任」這也是美芳主任最喜歡的話語之一，對她而言，愛的泉源是永不止息的，可以積極擴展心裡所願，而她有著一顆敏銳的心，去覺察夥伴的需求，適時伸出援手給予支持與協助，就如同她所信仰的耶穌基督給予她的生命之光，使她轉化出來的力量是讓人感到溫暖、有希望且令人鼓舞的。

因為喜歡成全別人願意做的事情，美芳主任成全校長治校的理想與抱負，成全老師在班級經營對學生的愛與付出，當她看見夥伴只差那麼一點就可以向前再邁進一步時，她就會主動伸出援手，協助夥伴找到施力點，去成全這樁美事。她笑說這是自己「雞婆」的個性使然，但也把自己所有的成就歸功於主耶穌，讓她受到愛的感召，得以用這股生命的泉源去實現服務他人的理念，希望永續，綿延不絕。

美芳主任在接受本次訪談的最後，特地為學校、夥伴、學生以及初次見面的我做了一段禱告作為祝福，對於第一次見到美芳主任的我而言，在訪談之間就能感受到她對身邊的人無私大愛的付出與奉獻，而在訪談結束後聽到她的祈禱語，當時低著頭聆聽美芳主任禱告的我，眼眶早已隨之泛著感動的淚水。我想這就是美芳主任的愛與真誠，不管在何時何地，面對任何人，永遠是如此愛心滿溢，不曾吝惜。

服務領導魔法石

親愛的主，

祢以恩典爲年歲的冠冕，

祢的路徑都滴下脂油（詩篇六十五11），

30多年來，

謝謝祢讓我每天可以面對這麼多的老師，

這麼多學生，這麼多的行政夥伴。

這一條路很辛苦，卻感受許多的甜美，

雖然有時會挫折，

有時候有困境，但愛裡沒有懼怕，

人的盡頭總是上帝的起頭，

每當我謙卑來到祢面前，

我才深切知道我的思想有限，我的愛心也有限，

於是我常常向祢支取力量，祢讓我有信心，

更堅強更勇敢，更有一顆憐憫人的心，

於是我更愛我學校的老師，更愛這群學生，

更愛這塊有山有水的土地，

親愛的主，謝謝祢，

我祈求祢祝福瑠公所有的孩子和老師，

直到永遠………。

這樣禱告是奉耶穌的名。阿門。

美芳主任以這段祈禱文，為她最愛的孩子與夥伴們祝福，在這30多年來的教育之路上，不論面對學生、夥伴老師或是其他同儕，她總是帶著滿滿的愛，熱忱奉獻、真誠以對。即便這一路走來難免遭遇挫折，但在美芳主任的內心深處卻有著堅定的信仰，隨時給予她源源不絕的力量。因為有著這樣的力量，讓她更能在別人的需要上，看見自己的責任，無私的關懷與付出。而她，更希望能將這股愛的力量傳遞給夥伴老師們傳承延續，在教育志業上，以愛奉獻，永不停歇。

9

氣定神閒大無畏
從容寫意教育情
——蘭雅國中黃美瑤

【訪談／撰稿：王淑珍】

教學輔導教師：黃美瑤
學歷：淡江大學中文系、國立臺灣師範大學 國文教學碩士
經歷：教學輔導教師、班級經營講座、閱讀 典範教師

　　座落陽明山麓下，鄰近天母運動公園的蘭雅國中，成立於1977年9月，為士林區歷史悠久頗負盛名的學校。蘭雅國中自97學年度起連續幾年申辦「教學輔導教師設置方案」，參與教學導師方案的對象，除了初任教師以及新進教師之外，也納入了代理教師。學校在進行教學導師配對時，為了讓教學導師與夥伴老師有更多的互動機會，總會優先考量以同科或同領域、任教共同班級、同辦公室為主，並輔以「家族制度」的方式及時協助與輔導。因為有這群老師積極熱心的帶領與協助，使得新進及代課老師們很快就能融入蘭雅的教學環境，藉著「大手牽小手」的師徒學習方式，傳承師傅教師的專業經驗，減少夥伴教師的摸索與挫折。除了夥伴教師之外，教學導師也在此中「教學相長」，而樂在當中的黃美瑤老師就是那牽著夥伴成長的「大手」之一。

　　美瑤老師畢業於淡江大學中文系，1993年進入蘭雅國中擔任代理教師，並在國立臺灣師範大學進修教育學分班，於1996年考取正式教師，留在蘭雅國中任教迄今已邁入第21年，期間主要擔任導師工作，並協助學校推動各項閱讀與寫作活動。她長期投入閱讀教育的推動，平時飽覽詩書並樂於分享，2013年更獲得《親子天下雜誌》「閱讀典範教師」的殊榮，亦在2014年獲邀擔任全國語文競賽朗讀評判。

　　雖然蘭雅國中自97學年度才開始申辦教學導師制度，但早在制度開始之前，教學團隊裡已有資深教師協助新進、代課或實習教師的傳統。在夥伴的眼中，美瑤老師是一個溫暖、貼心的師傅，她的夥伴教師王湘佩老師，1998年畢業於成功大學中國文學系，在2010年甫入蘭雅國中時，就受

到美瑤老師的關懷與照顧，即便湘佩老師擔任學校訓育組長
後，不再是教學導師制度內配對的夥伴教師，但她和美瑤老
師早已培養了深厚的情感，是技藝相傳的師徒，是教學相長
的夥伴，更是傾心相談的好朋友。

快速蛻變成長路　夥伴相助不孤獨

　　因為學校教師編制上的控管，導致國文科教師出現年
齡上的斷層。美瑤老師擔任教學導師的這幾年，恰逢國文
科幾位資深教師退休，她從原本教學10年仍屬年輕族群的
老師，瞬間變成資深教師，這對她而言，無疑是一個「大躍
進」的歷程。

　　茫然？摸索？美瑤老師也曾擔心自己無法拿捏好教學導
師的角色，但在學校裡，其實就有一群熱心的老師會及時伸
出援手。只要有新進教師或是有人需要協助，總會有老師主
動關心、噓寒問暖，這樣溫馨的氛圍，美瑤老師感同身受，
當她自己擔起教學導師之責時，自然而然也展現了相同的熱
情去回應夥伴們。

　　「在蘭雅，有的是熱情相助的夥伴，從來不會寂
寞。」這是美瑤老師在她的部落格所寫下的知性話語。回想
自己從年輕教師，轉眼間卻已躍昇為教學導師、資深教師的
階段，幸好有一群熱情相助的夥伴，讓她一路走來從不覺得
寂寞。

溫暖體貼營信任　眞心相待展熱誠

在夥伴眼裡，美瑤老師是個貼心、熱誠又有愛心的好老師。湘佩老師覺得美瑤老師用眞心去愛學生，每當遇到有學習障礙的孩子，她都能夠引導學生相互幫助，也不會讓學習障礙的孩子覺得自己是一味接受別人的幫助，她讓孩子瞭解到每個人都有自己的優點和缺點，而每一個人都會有幫助別人跟被幫助的時候，因此也讓整個班級的情感緊緊相依。

湘佩老師說自己第一次遇見美瑤老師，是在學校安排的溫馨相見歡活動，當時夥伴老師都各自拿著一個蘋果剖半的造型紙牌，找尋另一半，找到的那一個就是自己的教學導師。美瑤老師的溫和與親切，讓湘佩老師很自然接受這位教學導師的指導，在往後的相處中，美瑤老師毫不吝嗇地提供檔案資料與教學諮詢，思慮周延縝密的她，時時提醒夥伴在教學上該注意的細節。

美瑤老師（中）與夥伴老師合影（左：湘佩，右：月娥）

對於夥伴老師們，美瑤老師總是不吝於展現她的關心與貼心。每當湘佩老師遭受委屈或挫折時，來自美瑤老師的一張卡片、一顆蘋果、甚至是一顆甜到心裡的糖果，往往會出其不意的出現在湘佩老師桌上。最令湘佩老師印象深刻的是，每當她感到不開心的時候，美瑤老師常會握著她的手，聽她講話；湘佩老師每每講到激動處，總會不自覺地握緊拳頭，但美瑤老師卻是靜靜的聆聽，再適時給予回應，並且用溫暖的雙手慢慢的將湘佩老師緊握拳頭的手鬆開。雖然只是一些看似平凡的舉動，卻著實讓湘佩老師倍感溫馨，也因為這樣的真誠與體貼，建立起他們之間的信賴感。現在美瑤老師雖然不再是她的教學導師，倆人早已成為無話不談的好朋友。

處事圓融善協調　亦師亦友亦家人

由於世代的斷層，擔任教學導師的美瑤老師因為熟識校內的資深老師，也親近年輕一輩的新進老師，因而在學校裡時常扮演居間協調的角色。美瑤老師謙虛的說「師傅」二字對她而言太過沉重，或許她在教學上的拿捏會比較精準，但是她覺得年輕一輩的夥伴們有時會有更多的創新點子，所以美瑤老師在與夥伴、同儕相處時，不以「師傅」的姿態自居，而是以「學姊」的身分提供協助。

教學導師與夥伴老師相見歡情景

　　美瑤老師勉勵夥伴要當別人的救火隊，不要擔心自己吃虧，施比受更有福，收穫更多。在學校，善於經營「人和」氣氛的美瑤老師似乎走到哪裡都如魚得水，因為她曾幫助過很多夥伴與同儕，所累積下來的經驗與聲望，讓她在學校裡需要別人協助的時候，極少被拒絕。只要有美瑤老師在的地方，很多糾紛都容易化解。覺得自己年紀尚輕、容易衝動的湘佩老師期許自己能向她學習，處事要更圓融。

　　私底下相處，湘佩老師覺得美瑤老師也像個媽媽一樣，為她擔心婚事、擔心住在外面是否吃得好、穿得暖；在教學上傳授她許多技巧，不斷為她灌溉教學的田地。對夥伴老師來說，美瑤老師或許並不像太陽一樣，只有她存在的時候才能夠照耀大地，但卻是另一種令人安心的存在與陪伴，

如同湘佩老師所說一般，美瑤老師就像是一條溫暖河流，永遠都陪伴在夥伴的身邊，沒有很大的波瀾，但卻是靜靜的圍繞著，讓人有種安心的感覺。

經驗分享不藏私　拋磚引玉促交流

　　美瑤老師希望在自己周遭的事都是溫暖的、快樂的，當她覺得自己開始有一點能力可以幫助、影響同儕的時候，就要奉獻心力去創造一個更好的環境。10年前，學校裡就曾有新進教師，因為不適應教學工作，才教一年就辭職了，她覺得非常可惜。她思考著，也許在這個環境裡，大家對於老師的要求都是高標準，也會面臨許多棘手的親師溝通問題。因為自己也曾經歷過，而經驗的累積讓她現在更有能力去應對，所以她願意去協助與分享，用過來人的經驗幫助夥伴們調適與成長。

　　美瑤老師說自己在三年的教學歷練之後，才頓悟到原來在教學環境裡，就是會遇到一些問題，也許初次遭遇家長質疑、不知所措時會覺得很難過，但若遇到更多類似的事件時，就會發現這其實就是教學工作的常態，重要的是老師要如何調適自己的心情，並找到合適的方法去回應。美瑤老師覺得自己在教學這個環境待得夠久，才可以如魚得水，但是為了讓夥伴們可以不要多走冤枉路，她願意分享與傳承自己的經驗。她常將自己所做的親師溝通表單或是其他文件無私地分享給夥伴們，她也發現當自己拋出一些東西之後，其他夥伴開始跟進與分享。美瑤老師珍視拋磚引玉之後所牽引出

來的力量，對她而言，在蘭雅的教學生活已不再是孤軍奮
戰，而是團隊合作的氛圍。

截長補短共領導　團隊力量互提攜

身為教學導師的美瑤老師，現在仍擔任導師，除了教學
導師的社群外，她覺得同年級導師辦公室的導師們也是一個
團隊，每每在開班親會之前，教學導師就會把自己的夥伴教
師找來會談，仔細的沙盤推演，分析家長可能詢問的問題、
班級座位如何安排、環境如何布置、學生問題如何處理……
等，而其他資深夥伴也會參與討論，分享各自的經驗與想
法。

美瑤老師告訴我們，她覺得要能服務他人的領導者，
必須具備專業的能力，才能讓人信服，但是教學是一種藝
術，每個人的方法大不同，要如何讓夥伴信任，並引領他邁
向成長，這時候「團體」的力量就很重要了！美瑤老師現在
所處的導師辦公室裡，16位導師當中就有五位是年輕的新
進教師，家長對於新進老師擔任導師的第一個感覺就會不放
心，但是美瑤老師認為，她和這群同學年的夥伴們打的是團
體戰，並不是各自班級單打獨鬥。面對家長對初任老師的質
疑，美瑤老師教導夥伴老師要讓家長瞭解自己對教學的熱情
與動力，而且學年導師們就是一個團體，很多事情都是一起
規劃的，家長可以放心的把孩子交給老師。

美瑤老師在團隊裡不會直接下指導棋，她認為團隊裡
的每個人都是領導者，不論是資深教師的穩重沉著及豐富經

驗，還是年輕教師的活力衝勁與創意發想，每個人都有各自
所長之處，每個人都可以是團隊的領導者。「善用團體的力
量來引導其他人」是美瑤老師在團隊中所領悟到的領導之
鑰，因為有著一加一大於二的團隊力量，才得以激發團隊中
的成員投入無私分享的行列，繼續攜手向前邁進與成長。

蘭雅可親可愛的教學夥伴們

📖 開放教室樂分享　自由揮灑互交流

在美瑤老師的課堂上，她並不要求學生絕對的安靜，
反倒希望師生間能有更多的互動，所以即便是教室有一點吵
鬧，只要在能夠掌控的狀況下，她都期待孩子們儘量活潑一
點。美瑤老師說自己的教室是開放的，夥伴可以來觀課，但
在觀課前她會先讓夥伴瞭解自己的班級經營風格，以及瞭解
夥伴觀課的想法，透過對話交流與分享，精進彼此的教學。

　　不管是對學生，或是對夥伴，美瑤老師不會要求他們一定要做到什麼程度、達到什麼成果，她給他們最大的空間去自由揮灑，視個別化的需求而調整互動方式，因為她覺得當夥伴老師自己知覺到教學上有困難，主動諮詢，請求協助時，教學導師就很容易與之互動討論，更可以從觀課之中，進而提供建議、慢慢改善。但若遇到夥伴教師不覺得自己有困難，卻是學校希望教學導師介入協助的情況時，這樣的窘境容易令人感到尷尬，倘若直接貿然介入，也只會讓夥伴老師產生自我防衛的心。這時，美瑤老師就會改從側面瞭解這位夥伴老師可能的狀態，先看見夥伴老師的優點，增強他的自信心，再從中適時提供自己的想法與建議。

　　以觀課來說，美瑤老師在入班觀察前，都會先與夥伴老師討論觀課的重點，有時夥伴老師也會先提出班上可能有哪些需要關注的學生狀況。而在觀課之後，美瑤老師都會及時回饋，也適時讓夥伴老師瞭解教學者和觀課者所觀察到的情形有何不同。對於夥伴老師，美瑤老師想做的僅是改變他的既定的想法，幫他建立一個不一樣的視野觀點，並且增加夥伴的自信心。因為美瑤老師覺得從帶領夥伴老師的過程中，也得到很多的回饋，讓她從中獲得更多自信與成長。所以她也想讓夥伴老師們在團隊溫馨氛圍中展現快樂跟自信。

師生文思齊綻放　寓教於樂展效益

　　湘佩老師曾形容美瑤老師像隨時縈繞身旁的溫暖河流，而「河流」對美瑤老師而言，也有著特別的情感。淡江

大學畢業的她，談到淡水河的形貌與聲音，承載著許多她青春年少的浪漫與心事；而喜好閱讀的她，因著鍾文音的小說「在河左岸」深深打動了她的心，加上對於生活環境變動的感知，於是她開始寫讀書筆記，一直延續至目前的臉書部落格隨筆札記。

　　美瑤老師擁有勇者的從容與智者的淡定，面對工作與生活的繁瑣事務，她總是能享受喧鬧裡的悠然，載記生命中美好的事物。臉書部落格就是她揀擇美好紀錄的一處，她用相片及文字，記錄生活與教學所見大小事，透過部落格的分享與回應，串起圍繞自己身邊的人事物，而在她行文的字裡行間，不難看出她個性裡的悠然與從容。或許是身為國文老師的涵養與文學情懷，美瑤老師的隨筆札記總是容易讓人進入她所描繪的情境裡。藉由美瑤老師的分享與引領，夥伴老師及好友們，在繁忙的教學工作中，總能多一分悠然心境，添幾許浪漫情懷。

　　為了替喜歡閱讀與寫作的蘭雅人提供一個發表的平臺，美瑤老師和國文科的夥伴們共同經營了一個寫作部落格，名之「綻放」。在部落格裡把老師及學生的作品分別完整收納於「典藏館」及「蘭雅青春期」兩個專欄之中，依據作品的內容分類收藏於不同的專欄裡，帶領孩子以文會友，也為老師及學生之間搭起一座文學的橋。

　　除了部落格的紀錄與分享，每年伴隨著端午佳節及紀念偉大詩人屈原的日子，蘭雅國中國文領域就會籌辦寓教於樂的詩人節闖關活動，讓學生在遊戲中感受詩教的溫柔敦厚，並運用這項學習活動，熟背唐詩經典，活動涵養氣質與充實

國文科部落格 —— 綻放學生文學花朵的園地

知識兼具，學習效益極高。

　　在週會時舉辦的「詩的才藝會及有獎徵答」，則提供孩子才藝表演的機會，活動進行前，各班琅琅詩聲便已在校園環繞，還有「七步成詩」絕律我來背、「比手畫腳」猜詩句、「琅琅上口」齊誦詩、套新曲調來個「古詩今唱」……等關卡，等待著學生來挑戰。詩的才藝會定名為「少年詩人的奇幻漂流」，主持人粉墨登場，除了中國的古詩，還加入新詩與融入異國詩句的詩歌朗誦、相聲表演、夢與詩的詩劇及結合學生活動的誦詩表演，讓學生暢遊古今詩國，享受詩歌課程的另一樂章。這樣的詩人節的活動已成為蘭雅的亮點之一，也是美瑤老師和國文科夥伴們多年以來努力經營的成果。

詩人節闖關活動——比手畫腳猜詩句

懷抱感恩　讓愛遠傳

　　從事教職那麼多年，也帶過不少學生，有時候看到學生
家庭環境不太好，美瑤老師都會覺得好心疼。家庭環境的問
題，非外人所能處理，但在學生來學校的時候，老師卻能多
給他們一些溫暖，盡力爲他們找尋資源與助力，並爲他們祈
禱。多一分關懷、支持，每個孩子或許就能享受更美好的成
長與人生風景。一個人的力量有限，但是匯聚許多好老師的
力量，教育，會讓這個世界看到許多蓬勃美好的希望。

　　走過這段路，看過諸多人事物，美瑤老師說自己與人爲

善的個性是家庭養成的，她很感謝爸爸跟媽媽給她一個溫暖
的家，因為離家讀書與工作後，才看到身邊同儕或學生曾遭
遇很多生活上的挫折或困境，她覺得自己很幸運也很幸福，
擁有很多的關愛跟注目，養成她穩定的個性，出社會後跟大
家往來也不會有什麼太大的紛爭，可以跟同儕和樂相處，也
因為如此，更堅定她將溫暖的愛傳遞出去的這份心意。因為
有愛，心念共好，讓愛持續遠傳。

服務領導魔法石

「真正的價值並不在人生的舞臺上，而在我
們扮演的角色中。」

—— 德國哲學家　弗里德里希‧席勒

　　人的價值，就在於能為世界留下真善美的印記，在
於承先啓後，並讓薪傳的火炬，更進一步增添光采。柏拉
圖《斐多篇》提到，受雅典法庭指控「腐蝕青年人心靈」
的蘇格拉底被判死刑，臨刑前，學生斐多忠誠地陪伴在身
旁。事後，斐多分享蘇格拉底在最後時刻提出的新想法：
「生命的多少用時間計算，生命的價值用貢獻計算。」蘇
格拉底強調，靈魂是不朽的，生命的價值不在於生命本
身，端在於奉獻，無論是默默地付出，還是短暫發光發
熱；若能分享真、善、美，這些都是永恆的。

　　美瑤老師期許自己能協助夥伴教師氣定神閒的面對教
學挑戰和挫折，協助她們擁有收放自如的教學功力，並能
從容寫意的看待自己的教育工作。她覺得自己所做的服務
與付出，不過是身為教學導師所應為之事。

　　教學和生活，對美瑤老師來說早已融為一體。教學就
是她的生活；在學校裡與夥伴一同努力教學付出、為學生
服務；在教學之外，享受生活、享受文學，持續不斷的寫
作，在部落格中隨時分享與交流。或許她在領導夥伴或同
儕的過程中沒有波瀾壯闊的聲勢，但如同那源遠流長的河
水，影響所及，長久且深遠。

10

熱誠服務不曾悔
桃李不言自芳菲
——誠正國中朱菲文

【訪談／撰稿：王淑珍】

教學輔導教師：朱菲文
學歷：輔仁大學數學系
經歷：教學輔導教師、班級導師、數學教師

　　位於大坑溪畔，中研院旁的誠正國中，成立於1976年，以「信心、愛心、耐心、恆心」爲學校願景，「誠正恆毅」爲精神指標，鼓勵孩子樂觀進取、待人以誠、處事以正，激發教師教學創新，並歡迎家長主動參與，共創親、師、生三贏的美好遠景。

　　誠正國中自91學年度起開始投入、參與臺北市教學導師制度，迄今已逾10年。對誠正的教師而言，學校就像是個大家庭，教學導師與夥伴教師的互動，就是一段教學相長的歷程，多年以來，在誠正早已醞釀出熱心服務、攜手相助的團隊氛圍，即便是初執教鞭的新進教師、代理教師、甚至是實習教師，也不會覺得茫然或孤單，因爲這裡有著一群樂於分享的前輩們正敞開雙手，等著迎接、擁抱他們，一同邁向教學成長路。

　　朱菲文老師畢業於輔仁大學數學系，大學畢業後曾在三重私立格致中學任教五年，1992年後進入誠正國中任教，教學服務年資迄102學年度爲止總計26年，擔任教學導師亦有11年之久，在誠正20多年的歲月裡，菲文老師大都擔任數學教師並兼任班級導師之職，擁有豐富的班級經營以及數學領域教學經驗。她謙虛待人的熱忱以及自稱「雞婆」的服務性格，讓夥伴教師與其他同儕教師談起她時，總是滿懷感恩、讚譽有加。

　　黃宇莊老師是菲文老師的夥伴教師，畢業於彰化師範大學，2011年加入誠正國中的教學團隊，與菲文老師一樣是數學領域教師，並且兼任導師一職。對宇莊老師來說，菲文老師就像是一個專業諮詢者，每當自己在教學或是班級經營

上遭遇困難，總想到可以向菲文老師請教，而不是自己一頭
栽入問題的泥淖中，倉皇無措的摸索。雖然教學導師制度的
配對輔導僅有兩年的時間，菲文老師現今已非宇莊老師的教
學導師，但是教學輔導的關係依舊，更轉化為亦師亦友的情
誼，在教學路上長伴左右。

引路先鋒　團隊齊作戰

　　菲文老師覺得自己在誠正遇到了一群好夥伴，大家相處
融洽，彼此協助。有任何事情，只要在辦公室中提出討論，
自然就會有人提供意見或給予修正建議。她覺得誠正就像個
大家庭，不管是行政還是老師之間，都處得滿和諧的，尤其
是在教學導師制度推展後，這種互助合作、交流分享的氛圍
愈發強烈。

教學導師小組研討

菲文老師是誠正國中參與教學導師制度的第一批教師，當時學校之所以鼓勵、引導他們參與，主要是希望他們能夠在這個制度中學得一些策略與方法，去幫助一些需要協助的老師，提供他們在教學或班級經營上的改善建議。然而，因應時代的變遷與需求，除了新進正式教師之外，每個學校都有許多代課老師，這些代課老師可能一兩年就會更換一次，每次進到一個新環境時，一樣得面臨適應的問題。菲文老師覺得，如果能夠讓他們愈快適應學校的教學環境，大家合作起來就愈簡單，否則當一位新進老師遭遇環境適應不良的問題時，再來建議處理，非但學校辛苦，同儕教師們一樣得一同面對問題。與其如此，還不如事先帶領，引導他們早一點適應教學環境，也因為如此，教學導師制度的運作在學校中發揮了重要影響力。

　　教學導師在誠正的推行已歷經10多年，對於新進教師或是代課教師而言，大抵都能瞭解與接受其用意，但是在學校裡，仍有少部分教師不太能認可這樣的制度。由於教師想取得「教學導師」資格，就必須參與較長時間的研習培訓課程，繳交指定作業，加上「教學導師」的名號，總會讓很多人誤以為是「輔導老師」，專門輔導「問題教師」。每當學校發現有些老師需要幫忙或是碰到瓶頸的時候，就會希望教學導師介入協助與處理，如此吃重的角色往往讓許多教師望之卻步。學校為此也花了很多時間，說服教師上山研習，企盼能夠培養更多的教學導師來服務後進的夥伴教師、引導教學事務。

　　菲文老師說誠正的教學導師們打的是團體戰，雖然每個

夥伴教師都有配對的教學導師，但在實際運作時，又加上了小組合作，只要有任何事情需要請教，夥伴教師都可以就近詢問，無須刻意洽詢指定的教學導師；而透過定期的聚會、發表與分享，將教學上所遭遇到的困擾提出來一起討論，也從互動中成長茁壯。

觀察後會談：夥伴教師——陳怡潔老師

尊重夥伴　從旁展助力

對於夥伴老師的照顧，菲文老師常會視夥伴的個性做調整，她的態度十分包容，如果夥伴教師主動積極一點，她能給予的協助就會比較多，但是如果遇到內心排拒輔導的夥伴，她就會用旁敲側擊的方式去提供協助。她覺得夥伴教師要如何成長其實取決在他們自己，菲文老師總是謙和的說自己並沒有幫上太多的忙，畢竟師父領進門，修行在個人，前

輩的意見能夠聽得進去就是個人的福氣，如果聽不進去，想要自己去試一試、領悟到自己的一套方法，那也是個人的選擇，只能加以尊重。菲文老師覺得，對待夥伴其實跟對待學生是一樣的道理，也許當下他們不見得會感謝，但是10年或20年之後，有一天他們或許會感念以前有個老師曾對他們的好，這大概就是身為老師所受最大的回饋吧！

教室觀察：夥伴教師——黃宇莊老師

曾經身為夥伴的宇莊老師覺得，菲文老師是一個非常有熱忱的老師，她對自己的職業非常負責，很多事情都是站在學生的立場為學生著想，才做出選擇。對周邊的人，菲文老師也很熱心，常常會路見不平、拔刀相助，任何需要幫助的

人，她都可以毫不吝嗇的付出，是個具有大愛的人。

宇莊老師很感謝菲文老師給予她很大的發揮空間，從不干涉她的教學，只會從旁去協助她輔導學生。而心思縝密、善於覺察的菲文老師，總是敏於發現問題，例如：宇莊老師時常與她閒聊教學中的大小事，原本並沒有想要拋出任何問題，但她在聆聽的過程中就會開始思考該如何做處理，詢問夥伴是否需要幫忙想個辦法，進而及時提點夥伴處理事情的方式。

菲文老師在給予夥伴建議的時候，總會跟夥伴特別說明緣由，讓夥伴清楚理解為何會提出這樣的作法。宇莊老師認為，這也深深影響了她教導孩子的方式，讓她在對學生溝通或是講事情的時候，也會去思考自己應該要讓學生知道老師的想法，而不只是一味要求學生接受。

體貼用心　凡事不強求

蘇欣欣老師和菲文老師一樣是資深的教學導師，也是一同切磋成長的好夥伴，她形容菲文老師帶領夥伴老師時，就像是一個媽媽，一個理性的媽媽、一個不囉嗦的媽媽。

辦公室裡許多大小事務，幾乎都是菲文老師在張羅、處理，包括訂便當、採購物品，或是其他的外加事務，因為她對於所有的細節都會非常謹慎小心。以訂便當的事來說，她會去留意誰沒有吃到午餐，因為她覺得大家都已非常忙碌，若連午餐都沒有吃，會讓老師們更辛苦。如果碰到便當送錯的情形時，她寧可自己先不吃，也要把便當讓給其他老師。

　　雖是小事，但從這些細節裡不難看出菲文老師對待他人的體貼與用心。

　　如果說誠正的教學團隊是在一艘船上，菲文老師就是一位非常好的舵手。心細的她總是能把每一件事做得十分周到細膩，處理得有條不紊，也時常會適時的提醒夥伴們。大家同在一個辦公室裡，她不會去區分是誰的班、誰的事，而她的誠心相待，也不會讓人覺得她刻意去管他人的閒事。

菲文老師擔任「學習的革命」讀書會引言人

　　對夥伴來說，菲文老師就是個不折不扣的領導者，雖然菲文老師不願意居功，但是大家總以她馬首是瞻。而她對夥伴的協助不僅止於教學而已，她還會關心夥伴的家庭、學業……等。理智的菲文老師在團體裡面是被信任的角色，有事擺不平的時候，就會想要找她仲裁，聆聽她的意見。她從不強迫大家接受她的角度，只是理性的提出可行的方式，建

議大家去嘗試。「理性分析、不強求」，這就是她的領導風格！

而在夥伴的印象裡，似乎沒見過菲文老師挫折、氣餒的模樣，高EQ的她，即使遭遇不順遂的事務，也能很快的調適。因為她總是盡心盡力助人，設身處地為他人著想，即便無法收到效果，依然無怨無悔。

在協助夥伴成長的過程中，菲文老師也曾遇過夥伴教師不願接受協助的窘境，欣欣老師就表示，自己也曾苦惱於想要協助夥伴成長，但是對方卻架起了一道防護牆，這種狀況，確實令人無奈。菲文老師與她分享自己的想法與作法——不必介意，而是先同理對方的心境。或許對方只是不想要過這樣的生活，抑或是還沒有決定要用何種方法來走自己的教學路。她只管無私的付出與服務，當需要她的時候，她永遠都在夥伴的身邊。菲文老師深信：牆倒時，愛自然會流進來。

理性剖析　細心解危機

在學校裡，如果夥伴教師遇到困難事，菲文老師總會與大家一同商量與協調，站在對方的立場，嘗試找尋問題發生的原因。學校裡曾有一位兼課老師被投訴對學生有不當體罰的情形，當時教務處拜託菲文老師協助處理，獲悉此事的菲文老師，先是分別請教幾位比較熟悉的老師，並詢問該班的導師。由於每個人對同一件事的解讀角度不同，所以她也不輕率對這位老師的行為遽下判斷。為了瞭解學生對這位老師

的看法，她也找學生來談話，設法釐清課堂事件的始末。

詢問幾位學生後，才發現原來是那名老師想在段考前幫學生複習段考範圍，在那天考了複習考，當老師在行間走動時，走到一個平時成績表現不錯的學生身旁，在試卷上指了兩下，該名學生一時之間無法意會老師所指為何，於是老師就在他背後拍了兩下，但這樣的舉動卻讓其他同學以為老師在體罰學生。

由於考試時間，教室顯得特別安靜，拍背的聲音也就相對大聲，當其他學生在寫卷子時，突然聽到碰碰兩聲，抬頭看到老師在拍該名學生的背，當下就以為老師在體罰同學，所以事後就到教務處去投訴。然而，當天去教務處投訴的並非當事人，菲文老師在事後詢問當事人，他也不覺得老師是在體罰，就此才知，原來是誤會一場。

在釐清事件後，菲文老師私下把學生找來，而他開口第一句話就告訴菲文老師說自己不該這麼衝動，隨便跑去教務處告狀。原來前一晚學生回家跟家長轉述事件時，家長已經給了他一些正向的開導，菲文老師也再次向該名學生說明當時老師的舉動只是因為該名同學錯了不該錯的題目，只想給他一個提醒而已。至此，學生已能理解那是一種善意的提醒，坦然接受，因而及時化解了這一場烏龍的危機事件。

在菲文老師眼裡，她認為大家看待事情角度都不一樣，事件的發生其實可大可小，而這次的烏龍事件也因為菲文老師的理性剖析與抽絲剝繭的追查，才還了這位老師的清白，從中亦不難發現菲文老師遇事及處事時所展現的細心與理性。

視如己出　眞心待學生

　　在菲文老師帶過的班級中，曾有一個孩子遇上家庭暴力事件，當老師發現跡象後即時通報處理，但因爲學生的家庭問題無法解決，後來相關單位決定爲孩子另覓安置家庭。由於孩子到了安置家庭後，爲了保護孩子，連原本學校的教師都無法知道孩子住在哪裡，後來知道事情是如此處理的時候，老師們的心中著實百感交集，當菲文老師與欣欣老師在學校的諮商室談起這件事情的發展時，菲文老師的眼淚忍不住奪眶而出。身爲特教老師，也同樣具備教學導師身分的蘇欣欣老師說：「那是我第一次看到她掉眼淚，非常震撼、也非常感動！……我知道她是對孩子眞心、心疼孩子。」

　　因爲無法得知孩子去了新環境後適應如何，也不知道孩子何時可以回到她的原生家庭，加上菲文老師覺得自己再也沒有辦法用自己的力量去幫助這個孩子，那種情緒的糾葛，令她揪心不已。

　　對菲文老師而言，她把班上的孩子當作是自己的孩子，那次事件她放了手，也不知道孩子的將來會如何發展，這在菲文老師心底掛念許久，始終無法忘懷。後來等到那個孩子上了高中之後，終於傳來了一些訊息，他讓菲文老師知道他過得很好，菲文老師這才放下了心中那塊擱置已久的大石，爲孩子感到開心。

　　菲文老師帶過的班級，孩子們的感情都非常好，加上她一向清楚讓孩子知道她的界線，也讓孩子知道她的要求，所以班上的孩子不太會踰越規範，個個都很守規矩。菲文老師

認為，教導學生不該只重視他的功課，即使學生程度不是最頂尖的，如果能夠教導學生將來帶得走的為人處世之道，或是看待事情的角度與態度，何嘗不是一大收穫呢！因此，在她帶過的班級裡，總會有孩子發出「正義」之聲，適時提醒同學們不可以踰矩。以身作則的示範、真心付出的服務，這是菲文老師的帶班特色，也是她待人處事的一致態度，對待學生如此，對待夥伴亦然，也讓夥伴老師同樣感動在心。

熱忱服務　事事勤關心

宇莊老師覺得，菲文老師非常有想法，也十分有條理，加上她又是一個信守原則的人，對大家而言，無疑就是一個可讓人效仿學習的楷模。菲文老師的熱心，不只展現在夥伴教師的輔導上，她對於學校的大小事務也都時時關切、主動幫忙。

菲文老師的熱情裡帶有理性的調合，每當遇到問題，她會釐清事情的來龍去脈，找出問題的癥結點，再對症下藥。宇莊老師班上曾有罕見疾病的孩子，閒談間曾與菲文老師提及，原本宇莊老師並無意要求菲文老師給予任何支援，但是熱心的菲文老師在知道宇莊老師的班上有這樣一位孩子之後，她主動花了時間上網查閱相關資料，將罕見疾病的症狀、可能出現的狀況、教學上應該注意哪些事等資料，一一整理提供宇莊老師參考，讓宇莊老師倍感窩心。

有一次，菲文老師發現部分教室產生日曬問題，坐在窗邊的學生容易受到陽光照射的影響，而難以專心上課。菲文

老師便建議學校調整下層窗戶的顏色，改善日曬及反光的問題。然而礙於學校經費的限制，窗戶無法立即更換與調整，但是菲文老師還是惦記在心，一而再、再而三的提醒學校，直到學校做了改善為止。還有學校的女廁地板發生積水現象，菲文老師觀察了幾次，排除學生打掃的因素後，發現是管路漏水所致，一樣主動向學校反映。無論大小事，這股熱忱、熱心與奉獻服務的力量在她身上表露無遺。

　　菲文老師一直都擔任班級導師，校內承辦教學導師制度業務的曾煥玲組長認為菲文老師是個媽媽型的老師，但她並非是完全呵護著夥伴老師成長的類型，而是給予夥伴相當自主的空間；她不會一直在旁叮嚀各種小細節，只會給夥伴方向，防範未然，事先為夥伴分析未來的可能發展，提供他們參考。

教學導師研討班級經營分享

對於學校行政的運作，煥玲組長覺得未曾兼任行政職務的菲文老師雖然不是決策者，但是她所提供的建議卻深深影響著行政的決策。因為她會從導師的立場去看待行政作為可能會遭遇到的問題，分析活動可能會帶給學生什麼樣的影響，從這些角度去提供行政建議，這些都是一般老師不會特別去跟行政反應的事。發現任何情況，她都會及時去提醒行政同仁，甚至有些事務不方便由行政直接出面的時候，學校也會請菲文老師先行居間協調與說明。她不怕別人說她「雞婆」，對學校行政來說，菲文老師就是他們與教師之間那座不可或缺的溝通橋樑。

大智若愚　謙卑不居功

猶記得初訪菲文老師時，她和藹的微笑出現在我的面前，令人備感溫潤親切，即使是初次見面，她也能侃侃而談。訪談中，菲文老師不時的強調，自己所做的都是些再平凡不過的事，而當校長於某次校務會議上肯定她擔任教學導師的付出時，她卻是不好意思的一直低著頭度過了那場會議。如此謙和的態度，更令人對她的服務與奉獻感到敬佩。

欣欣老師便感動的表示，如果可以的話，她也希望自己成為像菲文老師那樣地成己成人。菲文老師的理性與細心讓共事10多年的欣欣老師自嘆不如，而她的謙卑與善良看在欣欣老師眼裡更是難能可貴。

在夥伴眼中，菲文老師是一個很聰明的人，但她卻從來不會刻意去顯露。善良的她所做的很多事情，都是真實發

自內心、希望能夠幫助別人的善舉。或許在別人眼裡，管閒
事、做得多，只是累了自己而已，但是對菲文老師而言，服
務他人似乎就是她的人生哲學，樂此不疲。

服務領導魔法石

「愛不能單獨存在，它本身並無意義；愛必須付諸行動，行動才能使愛發揮功能。」

——德蕾莎修女

挺身站出來，無私地為老師、學生與學校奔走盡心的菲文老師，從細微處著力，從溫柔同理出發。

菲文老師的坦然與真心，不管是對待學生或是對待教學夥伴，永遠都是一致的。雖然她不願自居領頭羊，但在教導學生以及協助夥伴的成長路上，她確實已是個不折不扣的服務領導者。她不曾後悔自己付出的服務，只關心是否能對學生、對夥伴有所助益。雖說所為一切都是教學歷程中的平凡事，但她的真誠與熱忱卻讓人從中看見平凡中的不平凡，就如同桃樹李樹一般，不需刻意招人注目，更不需多加言語，自然就散放迷人的馨香。

11

褪去軍袍成師表
引領長安續成長
——長安國中程峻

【訪談／撰稿：張家蒨】

教學輔導教師：程峻	
學歷：體育大學運動科學研究所碩士	
經歷：教學輔導教師、生教組長、體育組 　　　長、國立體育大學兼任講師	

　　創校至今已逾45年的長安國中，在歷任校長及全體師生的努力下，於各項競賽中屢獲佳績，近幾年各類體育團隊的表現更是可圈可點；教師們不斷精進，積極參與教案比賽的表現，亦屢獲肯定。因應十二年國教上路，長安國中也啓動了一連串的教育改革措施，期許透過教師、學生、社區家長及行政四方的力量，合力打造一間像「家」一樣溫馨、幸福的學校。

熱心傳遞成功方程式

　　在同仁的心目中，程峻老師是牽引長安國中專業成長的靈魂人物，他對教學的豪情與熱誠，感染著許多老師。

　　很特別的是，從事教職前，他當了八年的軍人，政策的改變，讓程老師有機會離開軍職，一圓年少時的夢想 ── 體育老師。歷經一連串的努力（學士後學分班、二年中近20場的教師甄試），終於在90學年度順利過關斬將，進入長安國中擔任體育教師兼生教組長。

　　爲了精進自己的教師專業能力，程老師努力的在同年考上國立體育大學運動科學研究所，也在同年升格爲人父。同時擔負多種角色，每個角色的任務都不輕鬆，他不辭辛勞的奔波往返於臺北市、新莊及林口間，爲自己往後的人生里程開啓了嶄新的一頁。用心耕耘、不怕吃苦的付出，更爲他奠定了豐厚的專業基礎。

　　近些年程峻老師看到許多新進的代理教師在面對教甄或是教學時，總像無頭蒼蠅般到處亂竄，沒有正確的方向，很

努力、很辛苦的準備，卻無法有實際的成效。這讓程老師回想起當年的他，得花許多時間自行摸索、思考，探求如何解決在教育現場遇到的難題或瓶頸，如：撰寫教案、擔任各種行政工作、有效的班級經營等，他心想，當時如果有個人在一旁陪伴他，給他提點和支持，該有多好！於是，當學校詢問他是否願意擔任教學輔導教師時，他二話不說的答應了，因為他想為教育盡一己之力，貢獻所學及專長，不藏私的分享自己的所見所聞。更希望能藉由教學導師這樣的角色，和願意成長的夥伴教師分享他所探詢出的各種「成功方程式」。

不同於程老師的迂迴人生，珮瑜老師受到從事教職的父母親影響，耳濡目染之下，從小就立志當老師。她努力地從普通高中的田徑隊申請進入師範大學體育系，並考進教育學程，畢業後抱持著接受挑戰的心態，開始了第一份代理教師兼體育組長的工作。自認缺乏實戰經驗，因此接受了教學導師的安排，幸運的她，在這時候遇見生命中的大貴人——程峻老師。

人生際遇截然不同的兩人，對教育有著同樣的用心和堅定的信念，就這樣譜出一段意義非凡的師徒情誼。

觀察需要　陪伴成長

教甄經驗豐富的程老師，格外能感同身受新一代教師所要面對的壓力和競爭，因此程老師便以過來人的經驗，「主動」幫新手教師珮瑜規劃了一連串的成長活動。他知道對珮

瑜來說，她有個重要目標——考上正式老師，至於中間要如何努力、如何規劃自我精進的活動，她應該是沒有方向的。因此程老師便從關鍵能力、重要需求，著手為珮瑜老師量身訂做一連串實際而有意義的成長行動方案。程峻老師回溯：「在配對的時候，我就開始思考——怎樣的安排，對她會比較有幫助。」細膩的觀察夥伴教師的需求，詮釋了服務領導在關懷上的「同理」行為特徵。

為了訓練珮瑜老師面對教甄口試時的臨場反應，兩人定期於每週四的領域時間對話、討論，程老師會提出二到三個問題問珮瑜老師，並從中提點答題技巧；同時，為了培養珮瑜老師思考的能力及習慣，程老師會要求她在每週討論時也提出三個問題，透過交互問答的過程，練習在大場合時的應對進退及回答方法。他勉勵珮瑜「不憤不啟、不悱不發」，多思考、多提問，藉此提升自己的能力。

除了提問練習外，每週程老師還會額外出作業讓珮瑜老師演練，不厭其煩地指導她寫自傳、設計教案，利用課餘時間一起討論課程的安排、教法的修正，希望藉此歷程增進珮瑜老師在體育專業上的知能，厚植參加教師甄試的實力。

任何有助於教學的好資訊（如音樂剪輯、簡報製作），程峻老師亦不忘在第一時間分享給珮瑜老師。課堂間若看到珮瑜老師有教學上的瓶頸，也總是立即的傳授撇步，並嘉許珮瑜老師的表現。這種總是被放在心上時時打氣、肯定的關懷，讓珮瑜老師感動不已。

利用課餘，傳授教學撇步

建構舞臺　厚植實力

剛考取教師證的珮瑜老師，甫入校園職場就得同時身兼體育組長的角色，因此程老師形容珮瑜老師如同誤入叢林的小白兔。程峻老師秉持提攜後進的使命感，持續給予她在行政或教學上的各項協助，經常和珮瑜老師分享新穎的教學想法，讓她可以透過課程的實際運作，體驗「做中學」的真諦。

他會帶領著珮瑜老師練習設計教案，並且由她擔任第二作者，參與各項競賽。得獎需要分享時，便陪著她演練簡報流程，同時貼心的在簡報上做顯著的提醒或標示，希望藉此歷程能讓她有所成長。

向來講求「績效」的程老師，為了讓珮瑜老師在往後教甄的道路上有較多加分的機會，不斷的勉勵及協助她完成

一項項工作且參與競賽，光是從2年內的獲獎紀錄——教育局101學年度防溺教育成果優等、臺大第六屆super教案貳等獎、體育署102年度體適能遊戲影片特優、教育部102年度德智體群美五育理念與實踐教材教法設計特優、教育局102年有效教學教案比賽佳作……，就可以看見師傅是多麼大方的傾囊相授，而徒弟也不辜負師傅的提拔，認眞地完成任務。

共享榮耀——《五育理念與實踐教材教法設計》獲獎

由於感受到程老師的用心付出，珮瑜對於程老師耳提面命的指導與鼓勵，更是加倍認眞地學習，竭盡心力完成各項任務。即便是第一次擔任體育組長，還有著準備教師甄試的壓力，但她仍舊接受了這項挑戰，著手整理資料、撰寫計畫書、參加競賽，因爲她認爲：「可以幫學校做事，很有意義也很榮幸。」終於皇天不負苦心人，得到「101學年度體育

績優學校」的殊榮，為校爭光。

　　程老師督促著她更上層樓，還不時提醒珮瑜要用心的整理教學檔案，豐富檔案內容，將能力和經歷轉化成可以具體呈現的紀錄，也因著這份個人專屬寶貴資產的加分，讓珮瑜老師在擔任代理教師二年後，順利的在103學年度金榜題名，進入高雄市的學校服務。師徒倆努力不懈的成果，印證教學導師制度的可貴。

適時提點　精進能力

　　除了定期的成長計畫，在班級經營上，珮瑜如果遇到難題時亦會主動求救，如學生常會用哀兵政策跟珮瑜老師說：「老師，上課好無聊，讓我們打球啦！」這時，程老師給予的「立威」建議——建立威信，就讓她十分受用呢！

　　程老師常用心理學中的「三明治法則」回應珮瑜的提問，即先肯定對方的努力，接著給予指示，或提供修正建議，最後再正向的鼓勵，這樣的技巧不僅增加珮瑜的信心，也讓她有更多的能量從容的面對挑戰。此外，程老師也會透過錄影的方式，讓珮瑜老師瞭解兩人在教學過程中的差異，之後再指導她該如何去進行課程。點點滴滴都在無形中增強了珮瑜老師規劃行政事務及設計課程的能力。

　　讓珮瑜老師印象最深刻的是，有次規劃班際比賽時，遇到了阻礙，差點辦不成比賽，所幸程老師適時地提供調解衝突的建議，加上全體體育老師們的支持，讓她能順利解決棘手的問題，使比賽如期進行。程老師所給的支持及陪伴，總

能像場及時雨，立即的排解珮瑜老師的困惑，讓她倍感溫馨也獲益良多。

稱職典範　影響深遠

對珮瑜老師而言，程老師有時像是個父親，總是不時的留意她的需求，適時的伸出援手；有時像是一位才德兼備的長者，扮演引領學習及互動的典範。在傳遞教學信念上，程老師更是以身作則的持續在創新及活化教學上努力，用自己的態度引領珮瑜老師精進，用實際的行動發揮他的影響力。

因此即便是面對九年級的學生，程老師依舊秉持著「每一節課一定要有教有學」的原則，用心設計課程，在102學年度時便結合民俗運動規劃了十項鐵人的活動，讓學生覺得新奇又有趣；如此嚴謹的教學態度，也深深的影響了珮瑜老師。在一年多的互動中，他不斷提醒珮瑜老師「不要放牛吃草」，即便是讓學生自行練習的課程，都要「教」學生如何去練習，用什麼方式去練習，練習的過程中要有指導的成分，這樣才不會對不起自己的專業、忽視學生學習的權利。

扎實地進行了一年多的成長活動後，珮瑜老師非但在教學效能還有專業自主上收穫匪淺，對於思考問題時的脈絡性和邏輯性更是提升不少，講話也愈來愈有條理。其實一年前的她是很沒自信的，害怕在公眾場合講話，覺得自己是個菜鳥，沒有那個肩膀扛起責任；經過程老師一年的調教和提供建議，讓她的信心和膽識慢慢放大了。

勤於筆耕樂分享　創新教學時精進

　　程老師有著豐富的行政資歷及不斷追求專業成長的敬業精神。教書近16年，除了碩士論文，程老師還寫了八本專書、約四十篇的期刊論文、得獎無數的教案設計，以及一本專案計畫的報告書。之所以有這麼多作品，是因為他在寫碩士論文時，查找文獻資料屢屢碰壁，讓他有感而發，開始透過文字記錄自己的教學歷程。而「人家願意看，我就願意給」這樣一個簡單的想法，則使程老師願意無私的將自己辛苦的結晶分享給有需要的人。起初是為了準備博士班考試，所以大量的發表著作，後來就這樣寫著、寫著……寫出了心得，也寫成了習慣，幾乎每年都有作品得獎。

　　「莫讓生命空白」是讓程老師持續精進的動力，他不斷研發創新的教學方法，不停的設計新穎的教學主題。在課程中，他反覆試做、拍照，彙整學生的想法，蒐集回饋，接著修正教案，有機會再參加比賽，透過比賽得獎、發表，讓更多有需要的老師能有機會將創新的教學方法運用於課堂上。

　　近幾年更廣邀領域內的夥伴共同編寫教案後參加各項比賽，之後再將獲獎的教案紀錄彙整成二冊《長安國中創意體育教學彙編》於2013年出版，並將這豐富的成果分送到全臺各大專院校的師培中心，和未來的教師們分享。程老師也因此受邀回到母校（國立體育大學）擔任師資培育中心的講師，教授「體育科教材教法」及「體育科教學實習」兩門課程，用實際的教學經驗及其對專業的百分百堅持，去影響更多的師資生，期能為體育教育埋下一顆顆希望的種子。

贈送著作，與輔大師培中心主任林偉人教授合影

與國立體育大學師培中心主任李再立教授合影

體會到「發表文章、分享想法」是件多麼有意義的事後，程老師更是持續的堅持筆耕，期許藉由自己的作品、教案，埋下一顆顆種子，影響更多有心為教育努力的人們。大家佩服程老師的文學涵養，而這也是程老師勤於筆耕和廣泛閱讀所奠下的根基。他也參與「學習共同體」的試辦，無私

的開放自己的教室，讓同儕夥伴觀課。而只要有需要，不分校內外、不拘演講時間長短及人數多寡，程老師也總是不吝嗇地和老師們分享他的專業或成長故事。

不論是透過文字或是演講，程老師都不斷地強調「分享」的重要及美好，因為沒有分享就沒有機會傳承經驗，即使你的法寶再厲害，一旦你退休了，一切就成了祕密。所以程老師逢人就分享，不管是班級經營、導師經驗、行政想法，還是教學理念，他認為每一次的分享都是機會，他也不停的鼓勵同儕夥伴們敞開心房、大方地分享自己的法寶。

堅守專業嚴把關

程老師始終秉持著自己對教育的初衷，堅持在體育領域上的專業，而「不借課」的原則，則是從教書第一天至今未曾改變，即便是正為升學戰戰兢兢的九年級，程老師也不曾破例，因為他認為學生有學習的權利、有活動筋骨的需要。然而遇到體育班或鄉村的孩子時，程老師反倒希望這群孩子能多念點書，因為平時活動慣了的他們，需要的是多吸收書裡面的知識，這可說是「因材施教」最好的寫照。

在升學主義掛帥的90年代，學校常為了讓學生專心準備升學考試，將非學科的課程全面調整為自習課，在當時，程老師就向學校極力爭取要維持正常的體育教學。當有學科老師要借課趕進度或複習課業時，程老師也是秉著「有借就要還」的原則。這一切都是因為他有著堅定的體育教學信念，從不漠視自己的專業對學生的重要性。

師生間的互動，正向良善，學生對於課堂上的學習，反應熱烈，瞭解老師的嚴格都是出自於用心，生活常規也在潛移默化中，深刻受程峻老師的影響。珮瑜老師看在眼裡，深知是值得仿效的典範，也立下志願，要追隨老師的信念。

燃炬傳薪勇承擔

在學校裡，程老師扮演的是標竿的角色，爲願意成長的老師樹立典範，也許褒貶不一，但程老師只管把自己做好，不在意他人的異樣眼光，堅持在正確的方向上努力著，透過研習、演講，繼續無私的分享，能影響一個是一個。只要給他機會他就講，即使只是短短的30分鐘，程老師都樂意將自己的心路歷程分享給有意願精進的教師們。因爲他深深相信每一次開口都是一個改變的機會。

透過多元的管道引發教師們心中的迴響，激盪出不同的火花，然而小小的連漪能否激出更大的浪花？程峻老師回答：「我覺得只要繼續不斷的增強，點點滴滴積累，到後來它會產生改變。」事實證明，學校老師受到程老師分享的影響，真的漸漸轉變，開始願意嘗試將自己的妙法絕招，轉化成文字寫下來，進而參與教案比賽。像是數學領域便開始加入教案彙編的行列，印製了一小冊以數學遊戲爲主的教案。也許目前篇章還不夠出書，但只要開始，就有希望繼續擴大蔓延。

102年度學校則更進一步的組成「行動研究工作坊」，利用社群運作的方式，鼓勵老師們施展各自在教學上的法寶

和夥伴們共享。而程老師當然是這個工作坊主講人的不二人選，他和17位來自各領域有意精進的教師們分享行動研究的歷程及教案設計撰寫的「眉角」，一起努力追求成長。

　　除了「傳承」，他也擔起撰寫「優質學校發展計畫」的任務，善用自己的文采，及多年來對教師專業教學的投入，為長安重新打造新的學校願景「345合一」（即三塊幸福家園磐石「專業、溫馨、創新」，藉由四個向度「健康樂學、適性發展、五育均衡、多元展能」的學校教育目標，打造出具備「愛心、同理心、責任心、榮譽心、自信心」五心集於一體的「全人發展學生」），無私的貢獻自己的才能及心力。

　　珮瑜老師描述程老師就像海綿一樣不斷吸收、成長，讓自己愈來愈茁壯。程老師努力的讓自己的人生發光發熱，去幫助更多需要的人們；用心的為夥伴教師提供舞臺和磨練機會，提拔後進，不遺餘力；無私的貢獻所長，讓學校更好。如此的良師典範，的確值得教育圈的夥伴們給予肯定。

服務領導魔法石

　　人生不是一支短短的蠟燭，而是一支由我們
暫時拿著的火炬，

　　我們一定要把它燃燒得十分光明燦爛，然後
交給下一代的人們。

—— 愛爾蘭劇作家‧蕭伯納

　　在專業的自信與精進中，程峻老師自主地揮灑，求新
求變；在書寫與分享中，他幫助更多的老師具備更強的專
業，牽引大家共耘教育福田，讓長安國中成為優質的教育
現場；在積極熱情的服務中，他體會能夠貢獻自己發揮所
長是多麼有意義，能夠在付出中獲得成就與價值是多麼的
自豪。

　　程峻老師認為能歡喜分享是樁幸福的美事，始終樂
此不疲。在他身上，我們見到「給予者」的影響力，為學
校帶來穩定而持久的力量；「先導者」的智慧，激勵出研
究、對話、創新教學的風氣；「傳薪者」的信念，讓教育
的長河，蓄積永不止息的能量。

12

熱情服務樂分享
精進專業喜創新
——永春高中方美琪

【訪談／撰稿：張家僑】

教學輔導教師：方美琪	
學歷：臺灣師範大學音樂研究所	
經歷：教學輔導教師、學科中心種子教師、領域召集人、實研組副組長、實研組組長	

　　位於臺北市信義區象山的永春高中，擁有完善的教學設備，為學生提供有力的學習後盾；認真負責的教師，亦不停的求新求變，致力於提升學生的學習意願。校園中還有一群默默耕耘的教學輔導教師，他們與夥伴教師間的相互支持及對教育專業的追求，讓校園中的氛圍持續在良性的循環中，透過我影響你、你影響我的歷程不停交替流動著。老師們攜手打造一個正向、溫暖、充滿愛的學習園地，讓熱情四散、才華洋溢的學生，在其中體驗豐富的課程和學習，創造獨一無二的生命經驗。

　　故事的主角，教學輔導教師社群召集人 —— 美琪老師，一路就讀音樂班，主修南胡，副修鋼琴。白手起家的父母堅持對教育的執著，供女兒們就讀私校音樂班，並栽培孩子們完成碩、博士學位。體貼父母的用心良苦，美琪老師更是不敢懈怠，努力精進琴藝。進入永春高中服務至今已逾20年，爽朗樂觀、樂善好施的個性，讓她有絕佳的人緣；

爸媽是美琪老師不凡琴藝的推手。（右一為美琪）

思維縝密、觀察入微的特質，則讓她有高人一等的視野。憑著一股喜歡為人服務的傻勁，加上「人和」和「視野」這兩個法寶，美琪老師默默地引領教學輔導教師社群和學校的專業發展更上層樓。

校內夥伴如姊妹　攜手相伴共成長

　　美琪老師高三時，因著中廣樂團指揮的引薦，讓她有機會進入職業樂團擔任兼任團員，擁有更多演出機會及磨練。在進入教育職場後的第一所學校——誠正國中裡，遇到了教學生涯中的第一位貴人，當她見到美琪老師因為學生反應不佳而失落時，會安慰她；見到學生過度打擾美琪老師時，也會幫忙解圍。兩位前輩如此無所求的助她一把，讓美琪老師深受影響，體會到有能力時，要將助人的美德持續地傳承。

　　在永春，夥伴教師的對象以同科領域為主，因此唯一能和美琪老師配對的僅有校內另一位音樂老師——睿瑋老師。睿瑋老師從小到大讀的都是普通班，後來進入臺灣師範大學音樂系，主修單簧管（黑管），副修鋼琴，畢業後到美國繼續進修，取得音樂教育碩士，專攻樂隊指揮與行進樂隊指導，在永春高中任教至今也近20年。和美琪老師截然不同的學習歷程和專業，成了另一個有利於彼此成長的因素，使得兩人在互動中有了更多的驚奇和火花。

　　有感於教學現場沒有適合的課本，加上兩人受教育背景的迥異，於是便和另兩位老師合作寫了一套強調做中學、且專為高中生量身訂做的音樂教材（由泰宇出版社出版）。

為了討論教材的內容，一群人常奮戰到深夜。若恰巧遇到某個老師生小孩，就直接到新手媽媽家討論，就這樣完成了一套讓現場音樂老師們倍覺受用的好教材，強調專業精進的她們，近年來仍不停的在教材上做修正。

早期兩人的辦公室恰好在兩間音樂教室中間，對方在講課時另一方都可以聽得到，這樣觀課的歷程讓美琪老師瞭解到如何運用觀察方法精進彼此的教學。情同姊妹的她們，不但是音樂教學上相互砥礪的好夥伴，也是分享生活點滴和甘苦談的手帕交。這段相交逾20年的情緣，為永春高中創造了許多亮眼的成績。

校外夥伴似師徒　引領成長不藏私

秀媚老師，一個甫進入新北市安康高中任教的初任教師，對於教學總有那麼點徬徨、那麼些無助；101學年度時，為了增能到臺藝大進修學分，認識了美琪老師，一段巧妙的師徒緣分就此展開。

當時剛進入高中任教的秀媚老師，正因為找不到適切的教學方法，感受不到學生的回饋而感到失落，因此費盡心力的想設計能引起學生興趣的教案，可是學生感興趣的內容和自己的專業間卻充滿著矛盾，在內心幾經掙扎之後，決定去請教美琪老師。美琪老師強調「教育不是在販賣商品，不應侷限於迎合學生的口味。」秀媚老師豁然開朗，原來依循課程目標，秉持專業，設計有趣、有內涵的課程，引導學生真正走入音樂的世界、體會音樂的奧妙才是根本之道呀！

　　接下「學習共同體」的教學觀摩，一度讓秀媚老師感到很無助，所幸有美琪老師一路相陪，從教案設計開始到教學演示，過程中不時的給予回饋。其實依美琪老師豐富的經歷，只要從她過往的百寶袋中掏出一個教案，對秀媚老師來講肯定是個寶，但是美琪老師選擇透過不停的引導，堅持和秀媚老師一起腦力激盪，產出一個全新的教案，因為唯有「教出來、學起來」才是最真實的收穫。

　　美琪老師注重引導、師生互動、強調實作跟體驗的教學理念也影響了秀媚老師的教學設計。例如：在教國民樂派時，秀媚老師不再只是蒐集各版本的炫技曲子「大黃蜂的飛行」讓學生聽，而是先教學生觀察譜例，瞭解這首曲子速度有多快。接著打開節拍器，讓他們每個人手指頭動動看、嘴巴跟著念一拍四下「1234」或是「我是帥哥」，接著慢慢加快節拍的速度，讓學生實際感受拍子速度的變化及演奏的困難度。

　　這段奇妙的緣份並沒有因臺藝大課程進修的結束而畫下句點，即使分隔兩地兩人仍透過臉書保持聯繫，不時的相互打氣和關心，遇到疑難雜症時，秀媚老師總不忘詢問美琪老師的建議。美琪老師也協助牽線，讓秀媚老師加入藝術生活的種子教師，讓她有機會接觸更多有趣、可應用的課程，持續增能。

堅持專業不鬆懈　求新求變樂其中

美琪老師為了持續精進音樂上的專業，不但長年在新竹教育大學兼課，教授「中國音樂史」以及指導器樂主修的學生，教學的內容和教案也年年做修正。在永春則秉持理想——音樂課除了唱歌，還應該培育深厚的人文涵養，不因家長跟學生對音樂教育的錯誤認知而削減熱情，反而更努力修正教學的方式，試著在選曲上做調整，選些較適合學生的曲子，讓學習更容易引起學生共鳴。

秉著對專業和學習的要求，美琪老師不希望學生空空的進來上課，空空的走出教室，學生在課堂上如果沒有任何學習，她會生氣。所以帶合唱時，她會刻意跑到學生中間跟著唱，學生為了不被影響就會大聲唱，藉此讓學生享受合唱的樂趣。合唱比賽寧可麻煩的準備十多首曲子，也不願意全部的班級都選同一首。她還開放教室讓學生在課後時彈琴歌唱，希望孩子能在課堂上學到東西、玩到東西、知道什麼是音樂、體驗音樂帶來的樂趣。

求新求變、喜於創新和研發，又是她另一個讓人欽佩的特質。儘管從事音樂教學逾20年，仍舊年年寫教案；引領學校專業發展，結合跨領域的創新課程設計，她更是重要的領頭羊。「美感跨領域實驗課程」便是美琪老師善用她的創新跟研發能力，結合音樂、生物、物理、地理等領域而研發的創意課程實例。

關懷學生心細膩　適性揚才教化遠

　　訪談時，不斷看到學生熱情的和美琪老師打招呼，她和學生間的互動令人驚訝，因為音樂課一星期只有一節課，教2年下來也不過八十節課，卻能有如此深刻的感情，著實讓人敬佩。因為美琪老師除了對教學盡心盡力，讓學生們口服心服外，她關懷學生的用心，可不輸導師呢！一旦發覺學生在課堂上有任何異樣，她便馬上和導師聯繫，希望能讓導師即時掌握班級的狀況；再加上美琪老師總會到各辦公室遊走、和導師們閒聊，自稱雞婆個性的她，在交談中便會不經意的聊到學生們的狀況。如此一來，不但學生的問題總能被立即反應，和導師間的良好互動也成為美談。

　　這種總是把學生當自己孩子般關心，盡力的讓學生藉由課程喜歡上音樂，並從中發掘學生藝術才能的特質，也漸漸影響睿瑋老師，讓她開始改變自己和學生間的關係。看到美琪老師和學生間的互動模式，讓她體會到，老師的整個人格特質都會影響學生，因此大方敞開心門，和學生培養師生感情，極為重要。

敏覺需求細傾聽　棘手難題迎刃解

　　在臺藝大上課時，觀察敏銳的美琪老師發現，內向的秀媚老師總是在一旁聆聽，便主動跟秀媚老師講話，想辦法找話題和她聊天、把她拉近團體中，並適時給予資源，也不斷鼓勵秀媚老師要多認識其他同事、建立人脈。

攜手邁向教學輔導服務之路

　　擔任實驗研究組長汝鳳老師的副手時，美琪老師是其極重要的支持夥伴，不但扮演垃圾桶，耐心地傾聽汝鳳組長吐苦水，也是及時分憂解勞的救火員。她總是適時提供有助減壓的療癒CD和美食，主動的搶事情做，並以敏銳的思緒，協助排定繁雜的活動期程，讓學校的行政事務得以順利進行；適當的提供建議，更讓卡住的問題，拐個彎，順利延伸出其他的解決方案。

　　學校剛開始推行教學輔導教師社群時，難免有老師因為壓力大想逃避，美琪老師便傾聽老師們的想法，努力的解釋、溝通，調整作法，在理想和現實層面間尋求平衡，使新政策得以順利推行。

　　當有老師反應，覺得社群的活動內容有些無聊時，她便探詢並反省社群讓人感到不舒服的可能原因，積極思考更妥

當的社群運作模式。她激勵各個老師把壓箱寶拿出來分享，並深思如何在短短一個半小時的社群聚會中，安排切合大家需要的增能課程。

專注於造福更多老師，美琪老師及時掌握機緣，在「未來想像人才」的增能研習中，順利邀約到貼近教學現場、教師需求的師大心理輔導研究所張雨霖老師，安排四次增能的工作坊。貼心的規劃，精采的研習，讓原本對進修活動有些倦怠的老師，再次燃起參與的熱情。

美琪老師觀察入微的細膩心思，處處為他人著想的用心，讓她得以順利的化解難題，帶領社群更上一層樓。

大方無私樂分享　熱情洋溢愛服務

為了推廣國樂，美琪老師常將國樂的概念簡單化後融入教學設計中。起初美琪老師對於參加教案比賽並沒有太大的意願，直到有位老師說服她分享智慧，以造福更多的老師，美琪老師才開始積極參與。

謙虛的她認為得獎只是剛好有評審喜歡她的創意，從不覺得自己有什麼過人之處。但是曾經在教學過程中不斷獨自摸索適合的教法，美琪老師深深瞭解那種無人可討論的苦楚。因此，她轉個念頭，抱著玩音樂、話教學、樂分享的心態，不斷的參加教學設計比賽，期待透過文字的分享，鼓舞那些正在教學路上徬徨的老師們。

美琪老師懷孕時，得挺著大肚子辛苦地從山腳下的教室，一路經過輔導室、學務處、健康中心才到得了音樂教

烏克麗麗社群成員大合照

室。樂觀開朗的她就一路聊天兼休息，一趟路程下來常要花上一個鐘頭的時間，但美琪老師卻樂在當中，也因此增添了與永春夥伴們良好的互動。她總能看到別人的需要而伸出援手，熱心的提供她的服務、她的經驗、她的看法給大家，融關懷於無形，讓人不感到壓力，因此同事們都很喜歡和她合作。她也關心夥伴們的生活大小事，樂於跟大家分享生活中的點滴，例如：討論孩子叛逆時的管教方法，提供孩子穿不下的衣服、用不到的玩具和書本，聽同事們吐苦水，調解同事間的紛爭，還和護士阿姨討論衛教知識、分享聘僱看護與長輩復健等醫護心得。

　　而烏克麗麗社群的開創又是另一個熱情分享的故事，起初只是因為美琪老師自己想學，所以找有志一同的老師們一起相互督促練習，沒想到一號召，竟然有30多人響應，於是療癒性的烏克麗麗社群就這樣誕生了。此時，許多學過吉

他的夥伴便熱心地跳出來幫大家打譜、伴奏，成軍僅半年的樂團更是如火如荼的練了四首曲子，如期在期末舉辦音樂發表會。從社群的建立到傳承，正是服務領導者「服侍」行為的應證。

她不計較的付出像是條隱形的彩帶，緊緊繫住每個永春人的心，同事間的氣氛因此和樂融融。如同睿瑋老師形容的：「美琪老師真的喜歡服務，她從服務大家的過程中，享受源源不絕的快樂。」對她而言，她的「夥伴教師」可以說是廣義的夥伴教師，如播撒種子般從校內到校外四處感染大家，創造教學輔導教師的另一個工作範疇與價值。

勇於承擔不怕累　帶領夥伴向前行

因為有豐富的教案比賽經驗，因為重情義，拗不過汝鳳老師的邀約，美琪老師接受教學輔導教師的培訓。而教學輔導教師在永春高中被定位為「先鋒者」，是學校整體專業發展上的種子教師，所以需要一個能發揮教學輔導教師效能，且具有專業性的領頭羊。因此在101學年度時，時任實驗研究組長的汝鳳老師特別情商美琪老師擔任社群召集人。由於該社群的成員都是各教學領域的佼佼者，除了教學外，還得分心處理許多行政事務，要說服這群優秀的各領域教學輔導教師，積極參與社群的運作，真是項艱鉅的任務。

行事嚴謹卻活力十足的美琪老師，在陽明山上研習時，面對緊湊的課程，作業的壓力，樂觀的以「玩樂哲學」看待，用「玩中學、玩中互動、玩中分享、玩中深入探討教

感謝張德銳教授傾囊相授

丁一顧教授勉勵持玩興享成長

學」的想法調適心態。她延續這種氛圍，對經營這一個與眾
不同的社群，發展出一套很特別的作法——請大家各自認養
一次研習活動，鼓勵自在揮灑，要「玩」什麼都可以。

　　第一次由美琪老師披掛上陣，後續的教學導師皆逐一絞盡腦汁，使出壓箱寶，認真的設計課程、用心地「玩」出共學的喜樂。這段有意義的歷程，讓美琪老師深深體悟到這份任重道遠的責任與義務，為了傳承，於是將這一整年值得珍藏的回憶彙集成冊，希望透過實質的成果輯分享給後生。

　　接著在102學年度上學期時，美琪老師藉由參訪三所優質學校（義大高中、新竹高中和武陵高中與夥伴探討教學的可能性），下學期則進行增能研習。一連串精采的精進研習，拓展大家的視野，讓汝鳳組長和睿瑋老師對美琪老師的魅力和能力佩服不已。她總能敏銳的嗅出正確的方向，充分跟團隊溝通，爭取夥伴的認同，然後群策群力，將社群帶得有聲有色，還能讓其他領域的教學輔導教師認同且積極的參與。老師們在過程中充分的學習，多了好幾把「功夫」，能力也更加扎實了。

　　她的帶領，讓教學輔導教師社群的夥伴們，創造不同的生命經驗；她的積極參加教案比賽，在各領域裡，牽動漣漪效應；社群活動積極的成長，使最新的教學議題（如學習共同體、翻轉教室）被關注。汝鳳組長發現，近年來老師們吐苦水的比例降低，口吐蓮花的人愈來愈多了！

　　美琪老師對學校和教學輔導教師的投入，為永春帶來改變與成長。一股「一起來做些事情、一起來改變」的團隊力量正悄悄的在永春校園中發酵、凝聚，專業對話開始活絡，也讓永春高中充滿能量，從容因應十二年國教的發展，迎接新一波的教育改革。

志同道合　共好力量大

服務領導魔法石

「你手若有行善的力量，不可推辭，就當向
那應得的人施行。你那裡若有現成的，不可對鄰
舍說：去吧，明天再來，我必給你。」

—— 《聖經‧箴言三章27-28節》

美琪老師認為很多人剛開始就像她一樣懵懂。如果當
初有人告訴她如何調整教師角色，引導她在教學道路上前
進，那該多好！所以她很樂意分享，希望透過分享，幫助
更多需要的夥伴，減少摸索的歷程。於是她先在學科中心

分享自己的教案，接著到萬芳高中加入音樂輔導團並至各校分享，也藉此開拓自己的眼界，一待就是7年。

就在暫時離開輔導團休息一年後，巧妙的安排讓永春高中承接了音樂科輔導團的任務，而美琪老師的重責大任也就因此延續。她二話不說接下臺北市音樂科輔導團團員的任務後，盡心盡力且有目標的規劃研習活動，把整個輔導團經營得有聲有色，也時常到各地去分享如何帶領輔導團。

從學校同事到各校音樂老師，慢慢的、點狀的受著美琪老師的影響和感動。在歡喜奉獻、攜手同樂中，美琪老師照亮改變的道路——

像盞有LED的光明燈　不斷電地照亮著永春

像條美麗的鯰魚　奔放的活力感染整個校園

「手鼓與音樂治療」研習音輔團成員合影

13

牽引相伴共好
邁向專業巔峰
——內湖高工彭欽隆

【訪談／撰稿：高敏麗】

教學輔導教師：彭欽隆
學歷：國立中央大學電機研究所40學分班結業
經歷：教學輔導教師暨專業學習社群召集人、電機科主任、學務處主任、教師會會長及監事主席

　　臺北市立內湖高工（以下簡稱湖工），爲一所電機、電子類群之專業性工業職業學校，戮力培養工業自動化的基層技術人才，是全國唯一以電爲主設科的學校，具備現代化的教學設備，標準化的技能檢定場，重視個別化的學生輔導，學生享有多樣豐富且實務化的學習內容。

　　近年來，教學成果卓越豐碩，積極輔導學生取得技能證照及參與全國性技藝競賽，成效顯著，並在國內外各項大賽中，有著優異的獲獎紀錄。持續榮獲國際網界博覽會的金獎、銀獎，參加國際發明展年年表現優異。

溫馨相扶持的湖工教學輔導團隊

精益求精的專業領頭羊

在湖工，校長及行政積極鼓勵教師參與專業發展，精進專業知能。在他們心目中，無論是推動教師專業發展評鑑或是教學輔導教師制度，電機科的彭欽隆老師都是靈魂推手。

電機領域專長，畢業於彰師大工業教育學系的彭欽隆老師，自新竹高工電工科起就開始接受技職教育體系的磨練，因此，指導孩子時更知如何深著力。

慈眉善目的欽隆老師是同仁心目中的典範教師。他資深博學卻謙虛誠懇，視野前瞻且勇於嘗試新事物；為師生服務，細緻周到，精進專業與教學，堪稱領頭羊。

後來，黃文振校長擔任湖工校長時，力邀欽隆老師擔任學務主任，抱持救火員及協助學長的心境，他毅然挺身接任這項多人婉拒的職務。階段性任務完成，他堅持回任電機科教師，耕耘教學現場。學務主任的服務經驗，讓欽隆老師感

欽隆老師堪稱行遍天下的旅遊達人

觸很多，回任導師後，他想以典範的方式，認真做給老師們參考。

「在影響他人前，演出更好的自己。」——這是欽隆老師的信念。他自我惕勵必須精進專業，懷抱正確的觀點與務實的行動，方有可能影響他人。「虛懷若谷，求知若渴」可說是欽隆老師最貼近的描述，他持續精進教學，充實自我，除了到中央大學電機研究所進修，在教學現場，也學不停息。即便教學經驗豐富，再忙碌也必定堅持扎實備課。

傳薪與共好　點燃教學熱誠

一個人好，不如一群人好，「傳薪」與「共好」是欽隆老師深切的期待。他常想，如何維繫各年齡層的老師對教育的初衷，點燃熱誠，提升專業與自信，讓每位教師都能深刻感受工作價值，並致力於自我教學實踐。因緣際會間，受到余霖、黃贇瑾兩位校長的觸動，他也成為湖工推動教學輔導教師與教師專業發展評鑑的重要推手。

前大直高中余霖校長在國語日報上發表〈教改忽略的一群〉。文中論述行政人員頻頻更換且趨向年輕化，甚至剛入校的新手教師，還得兼行政。新手教師對於學校的文化、環境、人事、資源都不瞭解，推動業務更辛苦，除非主管用心指導，減少衝撞，否則，熱誠可能一下子就被磨掉了。這正是欽隆老師關切許久的問題。

有一回，他和前臺北市士林高商的黃贇瑾校長聊到：世代交替中，教育熱誠與良好的傳統、班級經營作法如何延

續；在新進老師遇到狀況、困難時，能否有資深老師及時拉一把。彝瑾校長便分享她在北士商極力推動的「教學輔導教師制度」，還強調為了傳承與精進教師教學，沒有補助經費，都堅持該制度的延續。因此，在電機科開教學研究會時，欽隆老師便主動向與會的施博惠校長建議推動教學導師制度。

其實，博惠校長在國教科與中教科科長任內，一直非常關心此一制度的推動，也期待尋找適當的時機，引介給湖工的老師們。他感佩欽隆老師的建言、熱情與理想，隨即在99學年度校務會議提案申請辦理，培訓教學導師。100學年度起，結合學校參與的試辦教師專業發展評鑑，湖工教師攜手邁向專業精進成長。

相伴與扶持　促成開枝展葉

欽隆老師感念施博惠校長與教務林振雄主任的相伴、扶持，成為他投入教學輔導服務源源不絕的動力。

施校長會在校務會議與重要的集會中，彰顯教學導師制度的功能、重要性與效能，讓全校的老師、甚至於教職員工，知道這個制度，正在進行中。他親自參與教學輔導團隊的各項活動，為教學導師及夥伴教師打氣。各項活動的舉辦也都有振雄主任的鼎力協助，共同參與。

自2011年度推動教學導師制度迄今，湖工陸續針對新進老師、初任老師，實施教學的輔導，並將範圍擴展至代課代理老師。無論是一年一聘，或一學期一聘的老師，都希望

透過此一制度，讓他們在學校環境，教學領域上，能夠有適應與成長的機會。過程中，參與的老師，也肯定「教學輔導」的效能，會主動向比較資深的老師請教。

相見歡活動中簡介教學輔導制度

謙虛親切　得信任展魅力

欽隆老師輔導的新任教師高偉傑老師，畢業於長庚大學電機工程研究所。欽隆老師是他彰師大工教系的大學長，感覺格外親切。

雖然偉傑老師在到湖工前，已經有一年半的教學經驗，但是對於學校的設備、實習器材都不熟悉，經常請教欽隆老師。他擔心占用太多時間，很不好意思，但是親切、熱心、謙虛的欽隆老師總是笑瞇瞇的適時協助、解說、指引，主動熱心分享班級經營、教學技巧，化解了他的不安，並縮

短適應新教學環境的時間。對偉傑老師而言，困難只要提出，都會得到想要的答案。

職業學校課程包含理論和實作（工場實習），欽隆老師的指導，讓偉傑老師在器具操作上很快上手，教學更順利，時時感受資源在旁，遠焦慮，定心神。

他特別珍惜觀課前後欽隆老師給予的提點、回饋，尤其是「有效教學」的拿捏。他開始思考如何在教學過程中，以適當的提問，協助學生凝聚專注力，培養思考力，教學與備課的想法也逐步地調整、改變。偉傑老師開心地發現學生專注度提高，學習的效果也提升。

欽隆老師讚許偉傑老師不但主動積極地學習，而且會不斷的深思轉化，教學與班級經營上都有明顯的進步。對教學愈來愈有信心的偉傑老師，則期許自己教得更好，磨練出厲害的專業，並學習欽隆老師親切、熱心、謙虛的特質，貢獻自己，在付出中獲得成就與價值。

關注細節　教與學俱精進

把小事做好、做強、做精的欽隆老師，以其扎實且豐富的經驗，給予偉傑老師許多實務上深入的指導。

例如：他觀察到偉傑老師不自覺地只是站在講臺上面，把老師知道的、想教的，一股腦兒很快的告訴學生。他提醒專業科目在講完定理、原理、例題之後，應該給學生練習的機會，並且適時在行間巡視，或請同學到黑板前做練習，從中觀察學習狀況。他也示範如何帶動師生與同儕間的

互動，避免一味地講述。同時帶著偉傑老師從細節中關注學生的學習與生活，適時關懷輔導。

偉傑老師開始留意掌握課堂教學的節奏，重視師生的互動，關懷個別化的學習需求，適切的親師溝通。他也逐步掌握工業職教的關鍵，包含輔導學生取得專業證照，培養學生重視安全與紀律。湖工常承辦大型活動，新手教師的思慮易有侷限，欽隆老師便指點他很多該留意的細節，譬如辦理證照檢定活動，事前要先檢視所有器具的螺絲接點，適時更換；準備器具要考量預備耗材，先採購備妥，避免檢定時沒有備品可以換……，點點滴滴都是寶貴的專家經驗。

偉傑老師感謝欽隆老師的協助，讓他減少中間的摸索，他享受並珍惜這一路攜手相伴的幸福！

與夥伴老師攜手連心精進專業

良師益友　善提點深關懷

　　欽隆老師分享他與夥伴老師互動的原則：「我尊重每一位老師的理念，如同我尊重每一個孩子頭頂上各有一片天。我只是就他們的特質，從旁協助、觀察。」

　　欽隆老師認為有效提升教學的關鍵在於夥伴老師的有心成長。他告訴自己，要尊重個人化獨特的教學風格，自在的揮灑空間，教學導師只是提供一個刺激，另一雙善意的眼睛，提出的建議，夥伴老師不見得要全盤的接受。他也期待夥伴老師感受到每個學生都是不一樣的，得思考如何幫助學生展現自我。

　　雖然協助偉傑老師的輔導任務階段已經完成，但彼此間的夥伴情誼恆在，關懷與互動一直延續著，連生活上都成了好友。偉傑老師一度因為工作壓力導致顏面神經受損，幸好當時欽隆老師細心觀察到偉傑老師身體發出的警訊，主動關心並提供醫療訊息，敦促他就醫。偉傑老師結婚生子後，欽隆老師也不斷分享教養經驗。

　　小細節的關懷，零距離的溫暖，卻激盪出大大的感動、亦師亦友長長久久的情誼。

服務社群　周全設想並肩成長

　　教室觀察與回饋是教師專業化的曙光，是釐清教學脈絡的有利途徑。在教學觀察時，欽隆老師比較偏好全程錄影。因為「語言流動」、「在工作中」、或者其他教學觀察記錄

工具，可能會有疏漏，但是藉由錄影，事後討論時，就有具體清晰的參照依據。拍攝時，欽隆老師會細心考量到錄影的角度，提供老師多層面的觀察訊息。

欽隆老師擔任教師專業學習社群的召集人，所以其他科別，他也會協助做全程攝影，跨領域支援，並且幫助同仁在教師專業發展評鑑認證過程中，順利取得認證。即便非欽隆老師的專業領域，過程中，他依然陪同教學導師觀察夥伴老師的教學，也將看到的狀況，提出來交流互動。

欽隆老師同理老師的心境，拍攝中設法讓老師安心，去除被放大鏡檢視的焦慮。他強調心態上面就是「服務、幫助」。拍攝前會先跟老師確認，並從進教室開始，全程拍到下課才關機。除了完整提供對學生狀況、師生互動的觀察，也是對上課老師的尊重。

傳承經驗啓導新手教師

他事前跟老師說明攝影只提供討論參考，教學者日後亦可留存作為教學檔案資料。討論時，聚焦在想改善的教學環節。檔案都會轉給老師，欽隆老師還細心標註日期，也建議老師，從影片中欣賞檢視自己的改變與進步。

偉傑老師表示，初錄影時，會有些緊張，第二次後就自在多了。觀課討論中，可以發現疏忽的小細節，像是播放教學投影片時，欽隆老師提醒要關掉前排的燈，好讓學生看清楚。逐漸的，學生感受到老師的轉變，上電學課程不再那麼嚴肅、沉悶、想睡覺，心情比較輕鬆，學習更能夠放開心，也因為要被錄影，所以更認真。見到學生學得開心，有信心，偉傑老師也覺得很有成就感。

對欽隆老師而言，他珍惜在過程中，自己同樣是個學習者。

態度決定高度　視野決定格局

當教務處極力推動教師專業學習社群時，博惠校長邀請欽隆老師擔任召集人，規劃、執行與統整相關的活動。

「認真」、「好中求好」的欽隆老師用心的蒐集資料，請教專家，統整規劃學校教師專業評鑑規準，兼顧湖工、教師需求與實用性，進一步修改建置出實用、好用的湖工教師專業發展評鑑網路平臺。也針對夥伴老師需求，結合熱門、重要的教育議題，與教學導師們討論，研擬出聚焦教學的教師成長主題。增能主題除了一般常見的班級經營、親師溝通、學生輔導、教師專業發展評鑑外，還緊扣「新學習

時代」、「老師的轉型」進行各項專業對話。

此外，欽隆老師認為「態度決定高度」、「視野決定格局」，一位敬業、專業的老師，除了熱情，還要有豐富的閱歷，良好的溝通協調能力。為了開展大家的格局與視野，接觸比較不一樣層面，他邀請企業界專家演講「人際關係跟溝通」，請旅遊達人分享行遍天下的見聞體會，請記者以「有機農業」、「食安探討」帶老師們關心環境與生活。把不同的理念，新的概念帶進來，提供老師們接觸多元的想法、文化、議題。

他還用心地思考如何凝聚湖工教師的力量，大家一起來做規劃。教學輔導團隊每一個場次的活動，都有所謂的責任交付，每位成員都接受任務的安排。進入湖工的學校網頁，清晰明確地呈現如何凝聚老師們的力量，以及教學導師發展的整體規劃。

期勉與惕勵自己要活到老、學到老，與時俱進的欽隆老師，都可以退休的他，近年來上課必定帶平板電腦，因為備課教學的內容都在當中。他所任教的是電機專業領域，有些課程內容，光在課室內授課，學生不容易懂，看不到實物，在備課時，他會拍攝跟教學相關的影像資料，編輯教材，連結資源，上課時透過投影機，秀出來授課，如同活化的電子課本。

西方麥爾修說得好：「所有的東西經分享後，就更為壯大。」毫不藏私的欽隆老師，心中不但掛念學生的學習，還不斷掛念其他老師的需求，經常分享教學新訊息、好資源，跟同仁分享新的科技。他帶動了電機科教師極好的氛圍，大

家的想法、理念，自在地相互交流，教師們的用心投入，連實習工場的器材，都為學生爭取到目前業界最新的設備；製作的教學網頁，大學相關科系的教授們也常連結使用。

向大師請益　讓典範移轉

　　近年來教育界關注「學習共同體」，欽隆老師與兩位國文老師一同赴日，跟隨佐藤學教授觀課、學習，並且主動安排校內分享。他關切著──教師專業發展評鑑的焦點是在老師怎麼教，學習共同體的部分是在學生怎麼學習，如何聚焦、強化、連結這兩個體系？教師該如何共同備課？老師要如何學習當一個主持人、引言人，控制課堂上，師生、同學間互動的時機？⋯⋯他不斷地深思，尋求在校內落實推動，把「翻轉教室」、「翻轉學習」、「學習共同體」的理念帶給全校的老師。

　　訪談中，聽取欽隆老師侃侃而談如何讓學生自己主動去學習，留給學生自主學習的時間分配比例，寧靜的教學文化，課程的延續性，關注讓學生持續的學習⋯⋯。對於眼前這位已屆退休之齡的資深教師，筆者心中油然而生崇敬之心。一如拿破崙所言：「思想的力量往往戰勝利劍的力量。」的確，思想走多遠，人就有可能走多遠。專業的教師，必須如欽隆老師般秉持熱情與理想，任重道遠，讓專業，成為教師尊嚴與價值的起點；因夢想，大夥兒心手相連。

與佐藤學教授合影　　　試辦學習共同體赴日觀摩取經

對的事　做就對了

「我願意像小螺絲一樣，我願意做永遠的義工，我願意做我能力所及的部分，成就別人就是成就自己。」無論面對學生、學校、同仁、新進夥伴，或是擔任行政，他都秉持如此的概念——能力所及，全力以赴。

「對的事，做就對了！」他將自己定位在「服務大家的義工」，也嘗試在服務中，帶入好想法、好作為，以「我願意做給你看」的想法，提供務實的示範，期待尋找出在工科專業教學的可能。

他謙虛的說自己談不上「模範」、「領導」，只是「傾聽、分享、尊重」，願意走出來，願意去看去聽，願意先嘗試。有能力幫忙時，便歡喜享受付出；有機會分享時，心懷感恩且不藏私。過程中，學習縮小自己，看不同層面，希望自己能有不同的思維、更好的作法，來幫忙學校裡的好夥伴們。

我們深信：以「永遠的教育志工」自勉的欽隆老師，在他永不止息的服務熱誠中，必定以動人的生命開啓更多精采的生命。

服務領導魔法石

懂得信任和分享，才能進入別人的智慧。

—— 潤泰集團總裁尹衍樑先生

在彭欽隆老師身上，我們感佩他以「求知若渴」不停息地磨練教學專業成長力，以一顆「走在前端做給你看」的歡喜服務心，勇於承擔，無私分享。

他信任老師與學生有無限的可能，也獲得湖工教師團隊的敬重與信任。他發揮了理性、道德、感性結合產生的影響力，引領教學輔導團隊懷抱希望和理想，同時營造集體智慧的氛圍，激發每位成員的使命感，攜手同心，成人成己。

「做，就對了！」在堅持信念中，欽隆老師展現了國際趨勢大師大前研一所提出的：「『專業』是在荒野中找出路，在沒有路的世界中觀察、判斷，然後帶領組織步向坦途。」無盡的熱情投注，歡喜的義工情懷中，我們見到教育盎然的希望與教師專業發展無限的可能。

我們的粉絲專頁終於成立囉！

2015年5月，我們新成立了【五南圖書　教育／傳播網】粉絲專頁，期待您按讚加入，成為我們的一分子。

在粉絲專頁這裡，我們提供新書出書資訊，以及出版消息。您可閱讀、可訂購、可留言。有什麼意見，均可留言讓我們知道。提升效率、提升服務，與讀者多些互動，相信是我們出版業努力的方向。當然我們也會提供不定時的小驚喜或書籍折扣給您。

期待更好，有您的加入，我們會更加努力。

五南圖書出版股份有限公司
WU-NAN BOOK COMPANY LTD.

【五南圖書　教育／傳播網】臉書粉絲專頁

五南文化事業機構其他相關粉絲專頁，依您所需要的需求也可以加入呦！

　　五南圖書 法律／政治／公共行政

　　五南財經異想世界

　　五南圖書中等教育處編輯室

　　五南圖書 史哲／藝術／社會類

　　台灣書房

　　富野由悠季《影像的原則》台灣版　10月上市！！

　　魔法青春旅程－4到9年級學生性教育的第一本書

國家圖書館出版品預行編目資料

愛與奉獻：服務領導故事集／張德銳、高敏麗
主編.--初版--.--臺北市：五南, 2015.11
　面；　公分.
ISBN 978-957-11-8324-4（平裝）
1.小學教師 2.中學教師 3.教學輔導 4.文集
523.507　　　　　　　104018046

1IZE

愛與奉獻：服務領導故事集

主　　編 ― 張德銳(220)　高敏麗

作　　者 ― 張德銳　高敏麗　蔡富美　王淑珍
　　　　　　何嘉惠　張家蒨

發 行 人 ― 楊榮川

總 編 輯 ― 王翠華

主　　編 ― 陳念祖

責任編輯 ― 李敏華

封面設計 ― 童安安

出 版 者 ― 五南圖書出版股份有限公司

地　　址：106台北市大安區和平東路二段339號4樓

電　　話：(02)2705-5066　傳　　真：(02)2706-6100

網　　址：http://www.wunan.com.tw

電子郵件：wunan@wunan.com.tw

劃撥帳號：01068953

戶　　名：五南圖書出版股份有限公司

法律顧問　林勝安律師事務所　林勝安律師

出版日期　2015年11月初版一刷

定　　價　新臺幣320元